999

Thosaigh an drumadóir ag bualadh ar an druma. Shéid na trumpaí. Chrith na ciombail. Las na soilse. Nocht an clár leictreonach a threoraigh don lucht féachana tús a chur leis an mbualadh bos. D'fhógair guth diaga os a gcionn: 'Céad míle fáilte romhaibh a dhaoine uaisle chuig *999*, an clár réaltachta beo ina dtugann na rannpháirtithe faoin dúshlán is mó ina saol, is é sin eagla a n-anama a shárú. Seo chugaibh fear an tí, Iasón Mac Gabhann!'

Mhéadaigh ar an torann nuair a tháinig Iasón Mac Gabhann ar an stáitse, culaith agus carbhat airgid air, léine bhán. Bhí an slua ar mire. Ní dheachaigh na gloiní fíona saor in aisce a bhí caite siar roimh ré acu san ionad fáilte amú orthu.

Ghabh Iasón a bhuíochas agus nuair a chiúnaigh siad beagán, labhair sé: 'Mar is eol daoibh, a dhaoine uaisle, is clár ríspeisialta é an clár seo againn anocht. Tá Dana ar ais linn den tríú huair.' Bhí ruaille buaille as an nua ón lucht féachana agus iad ag greadadh na gcos. Rinne Iasón aoibh leo agus shín amach na lámha chun go socróidís síos arís.

'Sea, Dana. Níl aon ní róthe ná róthrom di, a deir sí. Tá sí ar chúl an stáitse faoi láthair, áit a bhfuil an fhoireann slándála ag tomhas a brú fola agus ag déanamh anailíse ar shampla fuail chun a dhearbhú nach bhfuil stéaróideach ar bith á ghlacadh aici. Go dtí seo, ní raibh bean againn, ná fear dála an scéil, ar éirigh leo ceann scríbe a bhaint amach. Is é sin le rá, nár éirigh le rannpháirtí ar bith go dtí seo lámh in uachtar a fháil ar an eagla.

'Tá duaischiste €100,000 againn le tabhairt uainn anocht, a dhaoine uaisle. É go léir ag dul do Dana, má éiríonn léi. Má thosaíonn sí ach má theipeann, gheobhaidh sí an leath atá tuillte aici go dtí seo agus cuirfear an chuid eile ar aghaidh do na rannpháirtithe nua a roghnófar ag deireadh an chláir.'

Rinne an slua bualadh bos eile agus sméid Iasón chun a bhuíochas a léiriú. 'Is sibhse – lucht féachana, cairde agus comrádaithe na n-iomaitheoirí – a cheap na dúshláin. Cuimhnigh gurb é an frása slándála ná "999", rud a chuireann deireadh le dúshlán an iomaitheora, má ligeann sé nó sí na focail sin astu. Gach duine le chéile anois: A naoi-a naoi-a naoi.' Tháinig trí thonn 'A Naoi' ar ais ón lucht féachana mar a bheadh rang scoile ag foghlaim uimhreacha, agus gháir siad ansin. 'Anois, breathnóimid ar an scáileán chun súil siar a chaitheamh ar na cláracha a raibh Dana iontu go dtí seo.'

Dhírigh gach duine aird ar an scáileán mór ar bhalla an stáitse, agus an guth diaga céanna ag labhairt lastuas. 'Seisear a cháiligh mí ó shin don chéad bhabhta den tsraith seo. Lorg na hiomaitheoirí coirníní beaga chun seodra a dhéanamh. Éasca? Smaoinigh arís air. Bhí na coirníní i bhfolach i mbairille feola aimhe. Dúradh leis na rannpháirtithe gur conablaigh francach a bhí ann.' Leath curfá múisce ón lucht féachana nuair a chonaic siad na hiomaitheoirí ag tochailt lena lámha nochta sna bairillí samhnasacha.

Lean an guth. 'D'éirigh le gach duine seodra ornáideach éagsúil a dhéanamh, á ghlanadh trí na píosaí miotail a shádráil le chéile ag ardteocht. Ina dhiaidh sin, b'éigean dóibh tabhairt faoina gcorp a mhaisiú leis an seodra. Cuimhnigh nach raibh oiread is fáinne cluaise ag ball ar bith den ghrúpa seo riamh ina shaol agus ní raibh duine ar bith díobh ag súil le poill a chur ina gcluasa, ná ina malaí, ná ina smig ná in aon áit eile!

'Rinne siad an beart ach d'fhág an bheirt veigeatóirí slán againn an tseachtain sin ag breith €25,000 an duine leo.' Phreab suim airgid ar an scáileán agus rinne an slua bualadh bos. D'athraigh na híomhánna arís agus lean an guth ag insint an scéil.

'Coicís ó shin a tógadh as an stiúideo an ceathrar beo friochanta a bhí fágtha. Tugadh a ndúshlán dul ó fhoirgneamh Bhanc Uladh go foirgneamh Bhanc na hÉireann agus iad crochta ar ghas pónaire. Mar is eol daoibh, is dhá ilstórach spéire iad na foirgnimh sin, suite i gcroílár an cheantar seirbhísí airgeadais. Féach, a deir tú, níl an gas ach píosa beag os cionn talún. A deich ponc a sé a sé méadar go beacht. Deir saineolaithe go dtosaíonn an faitíos ag an airde sin. Is cuma cé chomh hard a rachaidh duine ina dhiaidh sin, beidh an faitíos céanna air. Mar a fheiceann sibh ó na híomhánna, níl aon eangach cosanta fúthu, ach tá na rannpháirtithe ceangailte le rópa timpeall an bhásta. An té a scaoileann leis an ngas, cuirtear é ag bogadaíl san aer mar tá gréasán rópaí á choinneáil in airde. Is í an fhadhb is mó a bhíonn ag daoine nach scaoileann siad a ngreim ar an ngas.'

D'fhéach an lucht féachana ar chailín bocht a bhí tuairim is leathbhealach go dtí an dara foirgneamh ach í reoite san aon áit amháin. Ní ghabhfadh sí chun tosaigh, ní ghabhfadh sí siar, ná ní scaoilfeadh sí leis an ngas. Ar deireadh, nuair a d'éirigh an spéir dorcha agus an brú iomarcach di, ghlaoigh sí amach an frása sábháilteachta '999' agus tháinig an lucht slándála i gcabhair uirthi ar inneall mór le dréimire agus ardán air.

'I ndiaidh mionscrúdú a dhéanamh ar chat marbh i saotharlann agus iarracht blaosc bó a chogaint, d'fhógair triúr eile "999", d'fhág siad slán againn agus €33,000 ina ghlaic ag gach duine díobh. Fágann sé sin gurb í Dana an t-aon iomaitheoir amháin don chlár seo. Ach caithfidh sí tabhairt faoi na dúshláin agus iad a shárú chun an duaischiste a bhuachan.'

Tháinig deireadh leis an achoimre, léirigh an scáileán lógó an chláir agus thit an spotsholas arís ar Iasón Mac Gabhann. 'Cad iad na dúshláin a dtabharfaidh Dana aghaidh orthu? Bígí linn i ndiaidh na bhfógraí.'

Faoin am a bhí na fógraí thart, bhí umar ábhalmhór ina shuí ar sheastán rothlach i lár an stáitse. Bhí ballaí an umair trédhearcach den chuid is mó. Bhí dhá thrian den umar lán d'uisce. Bhí cré ag an mbun agus plandaí agus fiailí ag fás ann. Níorbh iad sin an t-aon ní beo a bhí san umar mar bhí ábhar éigin eile ag téaltú thart san uisce.

Mhínigh Iasón Mac Gabhann an scéal. 'An t-umar seo: tá sé dhá mhéadar déag ar fhad, dhá mhéadar ar leithead agus tá doimhneacht a haon ponc a cúig méadar ann. Mar a fheiceann sibh, tá cuid de líonta cheana féin chun go mairfidh an bheatha atá ann. Plandaí. Seilidí. Péisteanna. An mháthair shúigh. Eascanna.'

Bhí an anáil a baineadh as an lucht féachana le cloisint. Tháinig fear agus bean gléasta in éadach lonrach oráiste ar an stáitse agus píobán tiubh an duine á tharraingt ón gcúl acu. Chuir siad béal na bpíobán isteach san umar agus thosaigh an t-uisce ag sruthlú. Lean Iasón air ag caint. 'Dhá mhíle dhéag lítear breise d'uisce dorcha atá á stealladh san umar anois. Deirtear go bhfuil faitíos orainn roimh rudaí a fheicimid. Ach scanradh níos géire fós is ea an eagla roimh na rudaí nach féidir linn a fheiceáil. Beidh ar Dana fad dhá mhéadar déag an umair a thrasnú agus gan fios dá laghad aici cad é go díreach atá istigh ann. Mothóidh sí láithreach na créatúir eile san umar léi ach ní bhfaighidh sí ach spléachadh orthu má léimeann siad san uisce. Tá teocht an uisce measartha fuar ag deich gcéim Celsius i gcomparáid leis an teocht compordach atá againn sa stiúideo. Anois, cuirigí bhur lámha le chéile dár réaltóigín, Dana!'

Scuab an spotsholas anall go dtí an áit ar tháinig Dana, réaltóg na hoíche, ar an stáitse. Bhí a mothall dorcha ceangailte siar ina phónaí aici. Bhí a haghaidh bán báiteach seachas scata breicní gréine ar a leicne agus ar a srón. D'fhéach a súile glas-smaragaide ar an slua a bhí roimpi. Agus na soilse ag lonrú uirthi féin, is ar éigean a bhí sí in ann cruth éiginnte na ndaoine a dhéanamh amach. Tuairim is cúig chéad ar fad a bhí ann, iad suite go compordach ina gcuid suíochán go tnúthánach.

Ógbhean ard ba ea Dana agus thóg sí truslóga i dtreo Iasón Mhic Gabhann. 'Fáilte romhat ar ais ar *999*, a Dana,' arsa Iasón ag croitheadh láimhe léi. Bhí a lámh tirim te i ngreim fuar-allais Dana. 'Feicim go bhfuil goile don troid agat cheana féin anocht. Ar mhiste leat a chur i gcuimhne don lucht féachana cad é an tslí bheatha atá agat?'

Bhí saothar anála ar Dana nuair a labhair sí isteach sa mhicreafón. Bhí sí á spreagadh féin don dúshlán a bhí roimpi. 'Is sórtálaí poist mé in ionad cumarsáide ina bhfuil breis is míle duine fostaithe. Bím ag plé le litreacha agus beartanna a thagann isteach agus a théann amach as an áit.'

'Agus cad a dhéanfaidh tú má sháraíonn tú an dúshlán deireanach anocht?'

'Déanfad an beart gan amhras, a Iasóin. Chuir mé litir ar maidin go dtí an bainisteoir á insint dó go raibh mé ag éirí as an bpost. Tá sé ar intinn agam cúpla mí cúrsála a dhéanamh sa Mhuir Chairb.'

'Ar fheabhas ar fad,' arsa Iasón agus é ag sméideadh. 'Agus cad a dhéanfaidh tú nuair a fhillfidh tú abhaile, mura dtiteann tú i ngrá le Rastafárach dathúil thall ansin?'

'Leis an idirlíon agus an ríomhphost, seans nach mbeidh gá le sórtalaí poist amach anseo. Ba mhaith liom bheith i mo thástálaí proifisiúnta bia.'

'An-suimiúil. Tabhair bualadh bos di, a dhaoine uaisle.' Bhuail siad a mbosa agus mhéadaigh ar mhuinín Dana. Is beag athrú a tháinig ar a tuin chainte nuair a labhair sí. Rinne sí mionphreabarnach ar an spota chun í féin a choimeád ag bogadh. Dhírigh Iasón a aghaidh ar an umar. Bhí na hoibrithe ag baint na bpíobán amach anois. 'An bhfeiceann tú an t-umar sin thall?'

'Thug mé faoi deara é a luaithe is a sheas mé ar an stáitse, a Iasóin.'

'Agus an maith leat snámh?'

'Táim ceart go leor sa linn ach nílim rócheanúil ar an bhfarraige.'

'Is oth liom a rá gur uisce na farraige atá ann, ach níl sé domhain. Ní mholfainn duit áfach, cos a chur síos mar ní mór duit an t-umar a roinnt le hainmhithe na mara. Ní féidir iad a fheiceáil róshoiléir. Tá an t-uisce saghas salach. Ach tá siad ann.'

'Creidim tú. Feicim rud éigin ag gluaiseacht ann.

Cuireann sé sin as go mór dom. Cad é atá ann?'

'Ní déarfaimid dada ag an bpointe seo,' a d'fhreagair Iasón ag caochadh leis an gceamara os a chomhair. 'Ar mhaith leat an gnó a dhéanamh agus an dá mhéadar déag a thrasnú?'

'Chun an fhírinne a rá, a Iasóin, níor mhaith. Ach ba mhaith liom an t-airgead a bhuachan. Mar sin, tá an cluiche liom.'

Leis sin, d'ardaigh Iasón lámh Dana san aer agus lig an slua gáir mholta. Stiúraigh sé sall i dtreo an umair í. Bhí dhá dhréimirín taca feistithe leis an dá thaobh. Ceann chun dreapadh le taobh an umair agus ceann chun teacht anuas. Bhí an bheirt chúntóirí sna héadaí lonracha oráiste réidh chun lámh chúnta a thabhairt di dá mba ghá.

Chúlaigh an láithreoir chun faire óna chathaoir uilleann ón taobh eile den stáitse agus d'fhág Dana ina haonar ag an umar. Bhain barr an umair aird na súl amach, ós rud é go raibh sé suite ar sheastán. Bhí an t-uisce donn. Bhí corraíl anseo is ansiúd ann toisc go raibh tonnta beaga ann. De réir clú agus cáil an chláir seo, bhí rud éigin míthaitneamhach ag snámh san uisce, a thuig Dana.

Mhothaigh sí fuacht ina guailí agus ghreamaigh pian ghéar ina cliathán go tobann. Ní raibh dada ite aici ó mhaidin ach bhí go leor deochanna fuinnimh ólta aici. Rinne sí iarracht a hintinn a dhíriú ar an gcúram a bhí roimpi. Shac sí cúpla méar isteach san uisce. Ach níorbh fhiú dada an teocht a thástáil lena méara.

Bhain sí di a bróga boga bána. D'oscail sí an cnaipe agus tharraing anuas a bríste caicí. Lig an lucht féachana liú nó dhó. B'in é an chuid ab éasca. Bhí bríste rothaíochta liath á chaitheamh aici faoi. Thabharfaidís sin cosaint di, gan í a tharraingt siar. Bheadh na caicí trom nuair a bheidís faoi uisce. D'fhág sí uirthi an barr dubh a bhí uirthi.

Chuir sí a cos chlé ar an dréimirín. Ansin an leathchos eile agus suas léi go barr. D'fhan sí ina suí ar an imeall ar feadh cúpla nóiméad eile go bhfaigheadh sí anáil bheag eile. Dhá mhéadar déag. B'in an méid a bhí le trasnú aici agus bheadh an dúshlán intinne sáraithe aici. Bhí tascanna ní ba mheasa ná seo déanta aici. Chuir sí i gcuimhne di féin nach raibh san eagla ach staid intinne. Chaithfeadh sí é a chur di agus an cúram a chur i gcrích.

Bhí an lucht féachana ina thost. Bhí an chuid sin den stiúideo dorcha. Thosaigh an druma ag bualadh go héadrom. Ruaig Dana as a ceann iad. Ní raibh ann ach í féin agus an balla thall. I gceann cúpla soicind bheadh sí ann agus bheadh an t-airgead ina seilbh aici nach mór. Níorbh fhada go mbeadh sí ina luí faoin ngrian. Bhí sé deacair an íomhá sin a chumadh ina ceann agus an fhíor-íomhá ghránna seo ag stánadh uirthi.

Go tobann, bhuail an t-uisce feannta í. Bhí sé i bhfad níos fuaire ná mar a cheap sí. Ba mhian léi go n-ardófaí amach í agus go leagfaí ar bhrat breá bog í. Ach bhí sí san umar anois. Ní fhéadfadh sí an 999 a ghlaoch amach agus í san uisce; leath na hoibre déanta aici. Ba bheag nár leag sí cos ar thóin an umair. Ní raibh sé domhain, ach b'éigean di a bheith cúramach de réir rabhadh Iasóin. Thóg sí anáil ollmhór agus thosaigh ag gluaiseacht ar aghaidh, ag coimeád a cloiginn os cionn uisce oiread agus ab fhéidir léi. A haon, a dó. Lámh dheas, lámh chlé. Mhothaigh sí rud éigin chomh héadrom le cleite ag cuimilt dá rúitín deas ach chiceáil sí uaithi é.

Bhí sí ann. Bhí sí ar an taobh thall, ach í féin a ardú amach as an uisce. Lámha suas, agus bhí bean chúnta ag cabhrú léi éirí as an umar. Fáisceadh fallaing dheas thirim timpeall uirthi. Níor thug sí aird ar bith ar an slua a bhí ag glaoch uirthi as a hainm agus ag greadadh bos. D'fhiafraigh an bhean chúnta di cén lá a bhí ann agus cá raibh sí. B'in tástáil bheag chun a chinntiú go raibh a fhios aici cad a bhí ar siúl.

'Maith thú, a Dana,' arsa Iasón, á rá leis an gceamara seachas le Dana féin a bhí á tionlacan go cúl an stáitse.

I ndiaidh babhta eile fógraí, bhí an t-umar bainte den stáitse agus aoi nua ina suí ar an tolg i gcuideachta Iasóin Mhic Ghabhann. Bhí sí gléasta go slachtmhar, sciorta agus seaicéad dúghorm uirthi, ach í beagáinín seanfhaiseanta do sheó chomh corraitheach le *999*. Bhí smideadh tiubh smeartha ar a haghaidh. Chuir Iasón Mac Gabhann in aithne í. 'Agus fáilte ar ais chuig *999*, a dhaoine uaisle. Tá ár mbanlaoch, Dana, tar éis an dúshlán intinne is deacra a chur di agus í díreach tar éis snámh trí uisce lábánach lán de phéisteanna míofara. Anseo liom sa stiúideo anois, tá Bean Phroinbhíl. Fáilte romhat, a bhean uasail. Ar mhiste leat a insint don lucht féachana cén fáth a bhfuil tú linn anocht?'

'Go raibh míle maith agat, a Iasóin. Bhí mise i mo mhúinteoir Béarla agus Gearmáinise ag Dana agus í ag freastal ar Chlochar na Trócaire. Tugadh cuireadh dom teacht ar an seó chun go dtabharfadh Dana aghaidh ar an eagla úafásach a chuireadh an scrúdú sa litriú uirthi fadó. Is dócha go bhfuil an eagla chéanna uirthi fiú sa lá inniu.'

Sméid Iasón uirthi. 'Tá suim againn a fháil amach cén saghas í an bhean a tháinig chomh fada seo sa seó. An raibh suim ag Dana sa spórt? Inis dúinn cén saghas duine ab ea í agus í ar scoil.'

'Ní dóigh liom go raibh suim mhór ag Dana in aon ábhar faoi leith,' a mhínigh Bean Phroinbhíl, agus í suite chomh díreach le snáthaid ina cathaoir. Labhair sí go mall tomhaiste. 'Is cuimhin liom gur bhuaigh sí comórtas ealaíne ach ní raibh ealaín mar ábhar scrúdaithe againne sa scoil. Go bhfios dom, níor fhreastail Dana ar an ollscoil tar éis Clochar na Trócaire a fhágáil. Cailín ciúin go leor ab ea í i dtús báire ach níorbh fhada gur thuig na múinteoirí ar fad gur 'caointeoir' í. Sin é a thugaimis ar na cailíní ar chuir an rud ba lú ag caoineadh iad. Mar shampla, dúirt sí lá gur goideadh a héide scoile sa rang corpoideachais agus thug sé sin an ceart di gnáthéadaí a chaitheamh go dtí gur cheannaigh a tuismitheoirí culaith nua di i dtosach na scoilbhliana nua. Dar liomsa, níor ghlac sí le héide na scoile agus chum sí an bhréag sin.'

Bhí Dana réidh le dul amach ar an stáitse nuair a glaodh arís uirthi. Bhí léine agus stocaí bána nua uirthi mar aon lena caicí. D'fháisc sí an fhallaing dheas chompordach timpeall uirthi. Bhí a rúitín ag cur tochais uirthi agus rinne sí é a chuimilt. Bhí an craiceann éirithe dearg. Chuala sí guth Iasóin Mhic Gabhann amuigh ar an stáitse. D'aithin sí guth an aoi a bhí leis. Cérbh í? D'amharc sí amach tríd an gcuirtín.

Bhuail múisc Dana nuair a chonaic sí cé a bhí ann. Tháinig leacht aigéadach aníos as a bolg; cuid den uisce salach a bhí slogtha aici san umar gan amhras. Bhí an dearg-ghráin aici ar an scalladóir seo roimpi ar an stáitse a sciob a hóige uaithi; a mhill a féinmheas agus a féinmhuinín agus í ar scoil.

Cloiseann Dana macalla guth Iasóin Mhic Ghabhann ag fáiltiú roimpi agus tagann amach ar an stáitse. Gan moilliú, siúlann sí thar Iasón Mac Gabhann i dtreo Bhean Phroinbhíl agus fáisceann a lámha go docht ar a muineál. Dúnann sí na méara ar scornach na mná, díreach mar a phlúch an bhean chéanna cearta Dana nuair nach raibh sí ach dhá bhliain déag d'aois. Tá sí dall ar an achar ama a chaitheann sí cromtha ansin, a méara láidre fáiscthe timpeall scornach a namhad. Tá an bhean seo níos laige anois ná mar a bhíodh Dana fadó.

Ní chloiseann sí an bhéicíl ón lucht féachana. Is ar éigean atá an bheirt chúntóirí in ann Dana a bhaint uaithi. Ach tá an gníomh déanta aici agus ligeann sí dóibh í a tharraingt siar agus a choimeád síos.

Tá cúntóir cromtha os cionn na mná eile atá ina luí ar an urlár anois. Déanann an chuisle a thomhas. 'Tá an bhean seo marbh,' a deir sí. 'Cuir fios ar 999.'

Saineolaí Teicneolaí

Bhí uisce le fiacla Ultain faoin am a shroich an tralaí sólaistí an carráiste, agus gan Stáisiún Uí Chonghaile fágtha aige ach fiche nóiméad roimhe sin. '*Panini* cáise agus trátaí,' ar sé leis an bhfreastalaí.

'Níl aon cháis agus trátaí fágtha againn, ach tá cáis agus liamhás againn,' a d'fhógair an freastalaí go leithscéalach.

Tipiciúil. Gan a rogha féin acu, agus iad ag freastal ar rannóg chéadghrád na traenach. Lig Ultan osna mhífhoighneach. 'Is veigeatóir mé. Nach bhfuil aon rud níos feiliúnaí agaibh?'

Rúisc an freastalaí na pacaí agus bhain amach bapa planda ubhthoraidh le picilí agus anlann balsamach. D'amharc Ultan go hamhrasach air. B'éigean dó glacadh leis. Bhí meascáin i bhfad níos measa ite aige ar bord eitleáin. I ndáiríre, níorbh aon veigeatóir é ach ní raibh sé pioc ceanúil ar an rubar cogainte a bhí á thairiscint acu, ar thug siad liamhás air. Agus an freastalaí ag doirteadh amach an chaifé dhuibh, thóg Ultan cearnóg charamail agus canna *Fanta* mar aon le mála brioscán lámhdhéanta a bhí thar a bheith costasach. D'íosfadh sé iadsan níos déanaí. D'iarr sé ar an bhfreastalaí an admháil a dhéanamh amach – bheadh sé in ann an t-airgead a fháil ar ais ó chomhlacht a athar ós rud é go raibh sé ar thuras gnó.

Ghléas sé é féin beagáinín ní ba shlachtmhaire an turas seo; léine chadáis dhubh agus carbhat bán air. T-léine liath agus fógra dána air, agus *jeans* gorma a bhí air an uair dheireanach. Chuir an maor a lámh amach nuair a tháinig sé go doras an charráiste. 'An chéadghrád amháin anseo,' ar sí go deismíneach. Bhí air an ticéad a thaispeáint di chun a léiriú go raibh sé san áit chuí.

Ba ghnách feisteas neamhfhoirmiúil a chaitheamh i saol na teicneolaíochta. Nárbh fhianaise go leor é gur údarás ar an ábhar sin é agus an ríomhaire glúine ba dhéanaí á iompar aige?

Cupán tae a bhí ag an seanleaid trasna uaidh. Labhair sé go socair muiníneach, a bheola pluctha dearga ag seasamh amach trína mheigeall dorcha díreach. Cé nach raibh air ach seaicéad caite, mheas Ultan nár iarr siad air siúd a thicéad a thaispeáint ag an doras.

Ach bhí sé claonta ina choinne ó tháinig an fear isteach. Bhí mórán suíochán eile sa charráiste agus cuireadh iadsan ag an aon bhord le chéile. Chrom Ultan ar a chuid oibre an athuair. Bhí malartú sonraí leictreonacha á scaradh aige.

'Ag freastal ar an Hata Dubh?' arsa fear na féasóige go tobann. An Hata Dubh a bhí á thabhairt ar an gcomhdháil a bhí ar siúl sa Spires, Béal Féirste. Leagan cainte fáthchiallach ba ea an teideal a roghnaíodh don ócáid. Tagairt a bhí ann do na bithiúnaigh a chruthaigh víreas ríomhaireachta nó a bhris isteach ar ghréasáin ríomhairithe agus a leithéid.

'Tá,' arsa Ultan. Bhí sé ar tí filleadh ar an obair an athuair nuair a rith sé leis go mbeadh sé pas beag drochbhéasach scaoileadh leis róthapa. Fear cainteach cairdiúil ba ea a athair féin. Dá bharr sin, bhí éirithe go maith leis i ngnó na teicneolaíochta sa nua-aois, cé nárbh aon saineolaí ar an teicneolaíocht féin é. Níor mhór d'Ultan féin iarracht éigin a dhéanamh. Ba léir nach gcuirfeadh an strainséir an cheist mura raibh eolas aige ar an gcomhdháil chéanna. 'Agus tú féin?'

'Tá, cuid de ar aon nós.' Bhí sos ann agus ghlac siad braon as na cupáin sular labhair sé arís. 'Ach meas tú an bhfuil aon rud le gnóthú as a bheith ag caint is ag comhrá faoi na cladhairí a choinníonn gnóthach muid? Dar liom, níl ann ach leithscéal chun an deireadh seachtaine a chaitheamh ag ithe agus ag ól "ar son an chomhlachta".'

'Tá an pléisiúr sin againn chun tairbhe a bhaint as ár bproifisiún agus ar mhaithe leis an gcóras,' a d'fhreagair Ultan chun é féin a chosaint.

Gháir an strainséir, á chur in iúl dó go raibh sé den tuairim go mb'fhéidir nach raibh aon réiteach faoi leith ann. 'Breathnaigh sa phacáiste a gheobhaidh tú anocht agus tú ag clárú. Beidh féasta suaitheantas aitheantais ann do thoscairí; pinn dheasa gan amhras; páipéar maisithe; fáinní eochracha b'fhéidir; agus dioscaí nó tiomántáin USB. Beidh gach duine ag ceapadh go mbeidh na bogearraí saor in aisce seo an-áisiúil. Gan aon mhachnamh a dhéanamh air, buailfidh siad isteach iad ina gcuid ríomhairí féin, áit a bhfuil nasc le ríomhaire lárnach an chomhlachta ina bhfuil siad ag obair, áit a bhfuil nasc eile arís le raidhse eolais phearsanta a gcustaiméirí. Paca fáiltithe? Ní dóigh liom é. Ach Capall na Traoi, é ag taifeadadh gach buille ar mhéarchlár do ríomhaire, é ag seoladh ar ais chuig an bhfoinse láir gach rian eolais ar féidir leis a bhailiú.'

Rinne Ultan mionsciotaíl, é ag croitheadh a chloiginn. 'Ar ndóigh, is maith a thuigimidne na contúirtí ach tá iontaoibh againn i lucht eagair na hócáide seo. Ní tharlódh a leithéid.'

'Is dócha go bhfuil muinín agat as na comhlachtaí lena roinneann tú do chuid sonraí airgeadais chomh maith,' arsa an fear agus é faoi lánseol anois. Chrom sé chun Ultain, a ghuth íseal, amhail is gur chomhchealgairí iad. 'Samhlaigh go bhfuil tú ag dul ar saoire – ní hea, rud éigin níos simplí fós, déarfaimid go bhfuil tú ag ordú *pizza* – á cheannach duit féin ar an idirlíon chun go dtabharfaidh an *takeaway* áitiúil go dtí do dhoras é. Osclaíonn tú an suíomh cuí, roghnaíonn tú an *Toni Pepperoni* agus líonann tú isteach sonraí do chárta chreidmheasa. Ach an bhfuil tú ag póirseáil ar shuíomh an pharlúis *pizza* i ndáiríre? Seans go bhfuil tú ar shuíomh atá cosúil leis agus tá coirpeach éigin ag ransú do chuid sonraí pearsanta, uimhir do chárta chreidmheasa ach go háirithe.'

Shuigh an fear siar arís, chun deis a thabhairt d'Ultan machnamh a dhéanamh ar dhoimhneacht a chuid cainte. Gan amhras, bhí scéalta den chineál sin cloiste aige cheana féin. Ní raibh áireamh ar an líon ríomhphost a bhí faighte aige á insint dó go raibh an crannchur náisiúnta sa

Spáinn buaite aige cé nach raibh aon chur amach aige ar an tír gan trácht ar an gcrannchur náisiúnta ann; go raibh stór seod ar fáil dó mar oidhreacht ó easlánach san Afraic ach seic a chur ar aghaidh; nó go raibh an banc áitiúil ag iarraidh dul i dteagmháil leis chun a shonraí pearsanta a dhearbhú cé nár scaoil sé a sheoladh ríomhphoist leo ó thús. Chreid Ultan gur mealladh daoine leis an gcleasaíocht seo gach lá. Ach bhí suiteáil shaincheaptha aige ar a ríomhaire chun stop a chur leis an gcuid is mó den chacphost a bhí á raideadh chuige.

Bhí ionadh air, mar sin féin, go raibh an seanleaid i dtiúin leis na cúrsaí céanna, agus gan cuma róshofaisticiúil air ach oiread. Seans gur léigh sé scéalta sna nuachtáin nó gur bhain eachtra éigin do dhuine muinteartha leis. Gach seans nach raibh aige ach an chaint seo agus cuid den bhéarlagair. Thug sé faoi deara an t-iniúchadh géar a bhí á dhéanamh ag an bhfear seo anois air.

'Cas chugham an ríomhaire glúine,' ar sé, agus bhí an ríomhaire glúine ar an taobh eile den bhord beag eatarthu sula raibh deis ag Ultan agóid a dhéanamh ina aghaidh. Thosaigh sé ag bualadh ar an méarchlár go líofa. 'Bhuel, a Ultain, feicim go bhfuil deichniúr eile sa charráiste céanna linn ar líne. Níl criptiúchán ceart ach ag beirt. An t-ochtar eile, is féidir linn breathnú ar na suíomhanna céanna leo: tá duine amháin ag breathnú ar an margadh tithíochta sa tuaisceart; an fear gnó thíos ag cur óstáin in áirthe i gcomhair na hoíche anocht; glacaim leis gurb é an t-ógfhear atá ag déanamh comhrá dána ar idirghréasán cainte; an ógbhean trasna uaidh ag breathnú ar cathain a shaolófaí a leanbh dá mbeadh sí ag iompar anois...'

'Is leor sin,' arsa Ultan go tapa, ag casadh an ríomhaire ar ais chuige féin. Bhí sé in am aige é a mhúchadh agus é a cheilt ar a chomharsa ródhíograiseach.

'Ach breathnaigh cé chomh héasca is a bhí sé comharthaí craolacháin meaisíní daoine eile a aimsiú,' arsa an fear, ar nós cuma liom. Ba chuma sa tsioc leis de réir dealraimh go bhféadfadh paisinéirí eile é a chloisteáil. Lean sé air, cuma eolach air anois. 'Ní fada go mbeidh ionchlannnán fo-chraicneach á chur sa duine. Tá sé á dhéanamh cheana le cait, madraí agus eile. Cad is fiú an taighde sin go léir gan é a chur sa duine daonna? Beifear in ann gluaiseachtaí an daonra a leanúint. Beifear in ann drugaí a scaoileadh sa chorp, tocsainí uafara más fíor. Beifear in ann tic-toc an tséadaire chroí a rialú. Cloisfidh tú trácht ar an gcorrdhuine ag fáil bháis agus gan aon amhras ann ach gur theip an croí nó an inchinn ar "chúis nádúrtha." Féach, seo anois mé ag mo stad. Ní mór dom imeacht.'

Go tobann bhí an fear ina sheasamh agus é réidh le himeacht. 'Bhí sé deas bualadh leat.' Leis sin, bhí sé imithe síos an pasáiste agus amach tríd an gcomhla sleamhnáin. Fágadh Ultan agus néal air ina dhiaidh.

B'aisteach an comhrá a bhí acu. Rud as an ngnách, léargas an fhir sin. Ní bhfuair sé a ainm uaidh, ach bhí ainm Ultain feicthe aige siúd ar an ríomhaire – an t-ainm úsáideora – agus ainm chomhlacht a athar, a mheas sé.

Thosaigh an traein ag gluaiseacht arís. Bhí siad ag fágáil slán ag Iúr Chinn Trá. Ach nár inis an fear dó go raibh sé ag freastal ar an gcomhdháil i mBéal Feirste? Chorraigh Ultan ina shuíochán. Bhí súil aige a thuilleadh fiosrúchán a dhéanamh i rith an deireadh seachtaine.

***

Ní fhaca Ultan an strainséir arís i rith na comhdhála. Tharla go raibh gach toscaire i láthair, rud a thug le fios dó nach raibh coinne ag an bhfear sin teacht ann in aon chor. Cén chúis a bheadh aige bréag a insint dó, nó an ag lorg eolais ar Ultan a bhí sé? Ba eisean a rinne an chuid ba mhó den chaint. Ní raibh mórán ráite ag Ultan. B'éigean dó glantachán iomlán isteach agus amach a dhéanamh ar an ríomhaire, tar éis don ghealt sin lámh a leagan air.

Chuaigh sé chun é féin a ullmhú do dhinnéar na féile. Baineadh geit as nuair a d'oscail sé amach an paca fáiltithe agus é ina shuí ina sheomra codlata. Díreach mar a bhí ráite ag an bhfear, bhí peann agus páipéar ann, fáinne eochracha, dlúthdhiosca agus tiomantán USB. Sé ghigibheart déag. Fial go leor. Shrac sé amach an beart nótaí. An stuif eile, ní raibh muinín aige as, an peann féin fiú. D'fhéadfadh sé go raibh gléas nimhneach sa chaipín nó i gcabhail an phinn. Agus é ar a bhealach go dtí an seomra bia, d'éirigh sé as an ardaitheoir san íoslach, agus chaith an paca fáiltithe isteach i mbosca bruscair ag bun an dorchla. Ansin, d'aimsigh sé an staighre agus suas leis chun dul i dteannta na dtoscairí eile, chun dinnéar taitneamhach a chaitheamh.

***

Den chéad uair ina shaol, bhí nuachtán ceannaithe aige, fíorpháipéar, seachas sracfhéachaint a thabhairt ar nuacht an idirlín. Léigh sé go bhfuair fear in Iúr Chinn Trá bás ag an deireadh seachtaine tar éis dó a theanga a shlogadh. Fear spóirt a bhí ann agus gach rud ag dul ar aghaidh go breá go dtí gur tharla an tubaiste seo. Aisteach gur éirigh mo dhuine as an traein san ionad céanna inar tharla an mí-ádh nádúrtha a bhí thar a bheith mínádúrtha, dar le hUltan.

Músclaíodh as a mharana é nuair a chuala sé an fón ag bualadh sa chistin. Bhí sé ar nós teanga iasachta, mar b'annamh a chuir duine ar bith seachas ionadaí díolacháin glaoch ar an líne sin.

'Heileo?' ar sé, go héiginnte. A athair a bhí ann, ag fiafraí conas a d'éirigh leis ag an gcomhdháil. 'Bhí mé ag iarraidh teacht ort ar an bhfón póca cúpla uair ach is cosúil nach raibh an cadhnra luchtaithe agat.'

Ceart, ní raibh an cadhnra luchtaithe ag Ultan. Bhí sé bainte amach aige as an bhfón ón Aoine. An *Blackberry* agus an *iPod* mar an gcéanna. Níor thug sé aon iontaoibh a thuilleadh leis an trealamh sin. I ndiaidh an chomhrá, agus fón na cistine curtha síos go cúramach aige, phlab sé é féin ar an tolg. Ní raibh dada sa reoiteoir agus ar chúis éigin, ní raibh fonn ar bith air *pizza* nó bia Síneach a ordú. Bhí a sháith ite aige i rith an deireadh seachtaine.

Bhí sé ag feitheamh leis an ríomhaire a bhí ag dordán go fóill. Mhairfeadh an t-oideas frithvíreas a bhí cumtha aige cúpla uair an chloig. Idir an dá linn, bhreathnódh sé ar bhlúire teilifíse. Thóg sé an zaipire, ach in ionad an cnaipe glas a bhrú, d'fhéach sé scaitheamh ar an uirlis. Chas sé timpeall í, phreab an caipín agus bhain amach an cadhnra.

Níor mhór dó dul sa leaba go luath mar ní raibh aon rud eile le déanamh aige don tráthnóna.

***

Bhí Ultan déanach don obair gach lá an tseachtain sin. Bhí boladh lofa na dtraenacha agus na mbusanna óna chuid éadaí gach oíche. Níor shamhlaigh sé riamh go mbeadh sé chomh traochta i ndiaidh déileáil leis an gcóras iompair poiblí cúpla uair an chloig in aghaidh an lae. Bhraith sé uaidh a Audi TT compordach glan. Cé nach mbeadh aon duine ag tabhairt sciolladh do mhac an mháistir toisc é bheith déanach, dúirt Ultan lena chomhoibrithe go raibh an gluaisteán sa gharáiste. Bhí náire air an fhírinne ghlan a insint dóibh. Bhí sé sa gharáiste ceart go leor, ach sa gharáiste faoi bhun an bhloc árasán.

Gléas cianrialaithe eile a bhí i gceist ansin le doirse agus geataí an gharáiste chéanna. Baol eile teicneolaíochta. D'fhágfadh sé an gluaisteán ann go dtí go mbeadh socruithe eile déanta aige maidir le háit pháirceála a fháil lasmuigh. Seans go mbeadh na dálaí níos measa dá ghluaisteán ach níos fearr dá shláinte féin.

Bhí sé ag cuimhneamh ar ghluaisteán nua a cheannach ar aon chuma. Carr clasaiceach, gan ghlasáil lárnach ná aláram. Thuig sé go bhféadfaí na gluaisteáin ba nua-aimseartha a stopadh agus a stiúrú i bhfad ó láthair. D'fhanfadh sé glan orthu.

Bhí deacrachtaí eile ag baint leis an saol nua a bhí roghnaithe ag Ultan. Ní raibh aon bheachtú déanta aige ar an teorainn a bhain leis an bhfealsúnacht nua seo aige. Nuair a shiúil sé isteach i leithreas na bhfear, las na soilse; tháinig an t-uisce amach as an sconna nuair a chuir sé lámh in aice leis. Bhí sé idir dhá chomhairle faoi ghlacadh leo nó gan glacadh. Ní hamhlaidh a bhí an teicneolaíocht á lochtú ná á séanadh aige. Ach ba mhian leis bolgóid shábháilteachta a chruthú mórthimpeall air féin an oiread agus ab fhéidir leis.

***

Bhí a athair rófhada uaidh ar phríomhshráid phlódaithe chun go bhféadfadh sé Ultan a chloisteáil ag béicíl amach a ainm. Ní fhéadfadh sé rabhadh rúnda a thabhairt dó fiú, mar ní raibh an fón póca aige a thuilleadh. Ar a aghaidh amach, bhí an gealt céanna roimhe arís sé seachtaine tar éis an turais ar an traein, ach an babhta seo ba ag caint agus ag siúl lena athair a bhí sé!

D'aithin Ultan láithreach é, fear na féasóige, an seaicéad

céanna air ach é níos salaí agus níos gioblaí fós an uair seo. Ní dhearna sé aon iarracht dul faoi bhréagriocht fiú.

Rinne Ultan iarracht teacht suas leo. Ba mhian leis a athair a chosaint agus aghaidh a thabhairt ar an té craiceáilte a bhí in éineacht leis. Ach bhí siad rófhada uaidh agus ní fhéadfadh sé an bóthar gnóthach a thrasnú. Tháinig sé chomh fada leis na soilse tráchta. Bhí an Luas ag teacht agus bhí an chuma air go raibh siad ag dul ar bord. Nuair a lasfadh an fear glas do na coisithe, thosódh an Luas ag gluaiseacht. Chonaic sé sa chéad charráiste iad. Bhí a athair ina shuí agus an fear eile ina sheasamh ag cromadh os a chionn. Rinne Ultan iarracht aird a athar a fháil ón taobh amuigh, ach níorbh aon mhaith é. Bhí siad ag sleamhnú uaidh.

Smaoinigh sé athuair. Ní raibh de rogha aige ach dul díreach chun na hoifige agus teagmháil lena athair ón áit sin. Bheadh a sceideal ag an rúnaí. Rith sé ann agus isteach leis. Bhí saothar anála air faoin am a bhuail sé le Saoirse. Bhí sí díreach ag filleadh ón lón.

'Cá bhfuil m'athair ag dul?' arsa Ultan agus scaoll uafásach air. 'Creidim go bhfuil sé i mbaol. Tá fear amhrasach in éineacht leis. An bhfaca tú iad ag dul amach? Cá bhfuil siad ag dul?'

'Bhuel,' arsa Saoirse go réidh ag oscailt an sceidil ar an ríomhaire. 'Bhí an tUasal Mac Seoin leis roimh lón…'

'Fear na féasóige?'

'Sea, bhí féasóg air.'

'Caithfidh mé rabhadh a thabhairt dó mar gheall ar an ngealt sin. Cuir glaoch anois air.'

'A Ultain, tá an tUasal Mac Seoin fostaithe ag d'athair le tamaillín anuas.'

Bhí súile Ultan ag pléascadh. 'Cuir glaoch air,' a d'ordaigh sé, nó bhí sé chun an fón a bhaint ón deasc agus é a dhéanamh é féin.

Bhí leisce ar Shaoirse ach rinne sí mar a iarradh uirthi. 'Heileo,' ar sí go béasach nuair a tháinig duine ar an líne. 'Bhí mé ag lorg an Uasal Ó Riain. Is í seo an uimhir cheart, nach ea?' Ní raibh sí i bhfad agus nuair a leag sí síos an fón, bhí cuma anbhá ar a haghaidh. 'A Ultain, tá d'athair ar a bhealach go dtí an t-ospidéal. Bhuail taom croí é ar an Luas. Meastar gur fadhb lena shéadaire croí é.'

***

Níor chuir Ultan aon am amú ag fiosrú faoin Uasal Mac Seoin. Bhí a sheoladh ar fáil ón bpárolla. Aisteach nach i bhfad ó cheantar Ultain féin a bhí cónaí air, cé nach bhfaca sé riamh ann é. Ach ní bhíodh Ultan ag gnáthú na seaneastát míthaitneamhach agus é ar a shlí go dtí an stáisiún traenach.

Ní raibh aon uirlis nuatheicneolaíochta uaidh don chúram a bhí ar intinn aige. Mála mór trom min choirce a dhéanfadh an gnó. Thug a mháthair dó é don bhricfeasta an bhliain seo caite, ag iarraidh é a ghríosadh chun bia folláin a ithe. Ach b'fhearr le Ultan babhla *Coco-pops* nó cupán caife ar maidin.

D'fhan sé lasmuigh den bhloc árasán, an mála coirce idir an dá ghlúin aige. Ba chosúil nach raibh an tUasal Mac Seoin, más é sin an fíorainm a bhí air, istigh faoi láthair. Ach bhí sé ag teacht. D'aithin Ultan an cruth fir ag teacht aníos ón stáisiún traenach. Sheas sé timpeall an chúinne uaidh, gar don doras. Chuala sé na coiscéimeanna ag teacht i ngiorracht. Bhí fear na féasóige ag póirseáil dá chuid eochracha. Tháinig Ultan timpeall agus *wham!* Buille trom sa chloigeann sula raibh deis aige casadh chun féachaint cé a bhí ann. Sheas Ultan siar sa dorchadas. Chonaic sé an fear ag longadán. Thit sé go talamh, fuil ag sileadh óna chluas dheas.

***

De réir a chéile, tháinig biseach ar athair Ultain. Próiseas mall a bhí ann ar ndóigh ach bhí sé buíoch gur cuireadh fios láithreach ar na seirbhísí éigeandála.

'Tomás a shábháil mé i ndáiríre,' arsa a athair nuair a tháinig fonn cainte air arís. Bhí Ultan taobh lena leaba ospidéil. 'An fear bocht. An raibh a fhios agat gur tugadh faoi lasmuigh dá árasán an oíche chéanna a cuireadh mise isteach san áit seo? Níl an ceantar sin róshábháilte.' Chorraigh Ultan ina shuíochán. Bhí Mac Seoin ina bheatha go fóill ach gan aon chuimhne aige ar an lá úd, a dúirt daoine. Lean a athair air ag comhrá. 'Ró-sheanfhaiseanta, dar liom. Gan aon cheamara ná aon teicneolaíocht chosanta acu ann. Ach sin a thaitníonn leis, a deir sé. Aisteach go leor, níor goideadh aon rud uaidh. An raibh a fhios agat gur shil fuil as a inchinn? Tá súil agam go dtiocfaidh sé chuige féin. Sárintleacht aige. Bhí sé ag obair ar chóras cosanta dúinne i gcoinne na mbithiúnach sin a bhíonn ag briseadh isteach ar na ríomhairí lárnacha, ag goid an eolais agus ag milleadh an chórais. An-eolach ar an ábhar sin, atá sé. A Ultain, an bhfuil tú ceart? Tá tú an-bhán. An gcuirfidh mé fios ar an mbanaltra?'

Canary Wharf

Ocht nóiméad chun a hocht de réir chlog an ríomhaire. Ba é seo an chéad uair riamh d'Éamonn a dheasc oibre a fhágáil go luath. Ach ní raibh sé ag fágáil na hoibre. B'annamh a d'fhág Éamonn an oifig ar chor ar bith. Bhí cónaí air ann.

An oíche áirithe seo bhí sé ag dul ar thuras gairid go dtí an caogadú urlár. An naoú hurlár is daichead i ndáiríre. Bhí an dá urlár ar barr ceangailte lena chéile. Ba é seo an chéad uair dó dul suas chomh hard sin san fhoirgneamh. Oifigí Prendergast agus Warrighe féin a bhí ar an leibhéal sin. Bhuail Éamonn cheana leo, ach i measc a chomhoibrithe agus na mbainisteoirí eile a bhí sé. Cruinniú pearsanta an cuireadh a fuair sé uathu anocht.

Istigh san ardaitheoir, bhrúigh Éamonn a chárta isteach sa sliotán, chuir sé isteach an cód agus leag a mhéar ar an ardán beag a léigh a mhéarlorg. Ós rud é go raibh sé ag dul chuig stuaic an fhoirgnimh ar fad, bhí air scanadh reitine a dhéanamh chomh maith. Agus sin déanta, ar aghaidh leis.

Bhí Geoff Prendergast agus Nicolas Warrighe roimhe nuair a bhain sé an oifig amach.

'A Éamoinn! Fáilte!' arsa Prendergast go lách leis. 'Tá áthas orainn go raibh tú in ann tú féin a stoitheadh ón ríomhaire chun labhairt linn.'

'Is mise atá buíoch,' a d'fhreagair Éamonn go deabhéasach. Ní fhéadfadh sé diúltú do chuireadh ó chomhpháirtí an ghnólachta.

Níor chroith aon duine lámh le chéile. Níorbh é sin an nós a bhí acu. Shiúil Éamonn isteach go lár an tseomra. Bhain galántacht na háite lán a shúl as. Bhí gach cathaoir agus cófra, bord agus urlár déanta as fíoradhmad agus dath gallchnó air. Plaisteach de shaghas éigin a bhí acu thíos staighre. Bhí brat dearg ar an urlár agus ar an mbord.

'Bíodh deoch agat linn,' arsa Prendergast ag líonadh trí ghloine uisce beatha.

'Go raibh maith agat,' arsa Éamonn.

Bhreathnaigh siad amach ar shár-radharc na soilse ar dhuganna London go dtí go raibh an triúr acu ullamh. 'Sláinte!' ar siad le chéile agus d'ól siad braoinín.

Ní raibh sé de nós ach oiread ag ceachtar den bheirt cheannairí an t-ábhar a bhí le plé acu a sheachaint. Mar sin, thosaigh Prendergast: 'A Éamoinn, chualamar ráfla seafóideach go mb'fhéidir go mbeidh tusa ag filleadh abhaile sula i bhfad. Cad as ar shíolraigh an scéal sin? Inis dúinn nach bhfuil rian den fhírinne ann.'

Thuig Éamonn gurbh é seo ba chúis leis an gcuireadh teacht go dtí an caogadú urlár anocht. Thosaigh sé ag piocadh ar chos leis. Cé nach mbíodh fadhb riamh aige cúnamh a thabhairt dá chuid cliant, bhraith sé ar nós mionduine agus é ina sheasamh os comhair an fhathaigh seo. Ba é an cur chuige ab fhearr leis ná a bheith deamhúinte i gcónaí. 'Is oth liom a rá, a Uasail Prendergast, go bhfuil fírinne ag baint leis an méid a chuala sibh.'

Tháinig dreach díomách ar an mbeirt fhear. 'Ach a Éamoinn, nach bhfuil tú sásta anseo?' a d'fhiafraigh Warrighe go hamhrasach. Bhí cuma imníoch air. Bhí sé ag súil nach raibh Éamonn chomh dána agus an chealg seo a chothú chun breis airgid a thuilleamh. Bhí Éamonn ag saothrú go leor airgid do dhuine dá aois.

'Ó, táim thar a bheith sásta anseo,' a d'fhreagair Éamonn go tapa. Agus b'in an fhírinne lom. Bhain sé an-spórt as a bheith ag obair i Londain. Bhí tuarastal iontach á thuilleamh aige. D'oibrigh sé go dian, chomh dian sin gurbh annamh leis foirgneamh P&W a fhágáil. Bhí sé ina shuí tráth a d'oscail an Nikkei, stocmhargadh na Seapáine, agus ní théadh sé a luí go dtí go raibh sé cinnte go raibh a sháith déanta aige ar NASDAQ Nua-Eabhrac.

Bhí triúr cúntóirí aige a rinne sealaíocht ar a chéile – ocht n-uaire an chloig an duine in aghaidh an lae. Soláthraíodh stiúideo dó ar an gcúigiú hurlár déag. Dá bhrí sin, chodail sé san fhoirgneamh seo. D'itheadh sé a chuid san fhoirgneamh seo. Ba ann a ghlacadh sé cithfholcadh na maidine. Bhí seirbhís níocháin saor in aisce aige. Bhí glaonna fóin saor in aisce aige. Dar leis, ní fhéadfadh aon chomhlacht eile pacáiste mar seo a shárú. Bhí sé an-sásta a bheith ag obair le Prendergast & Warrighe ach bhí an scéal ó smacht anois air. Bheadh air filleadh ar Éirinn.

'Ní dóigh liom go bhfaighidh tú deis i mBaile Átha Cliath a bheadh ar aon leibhéal leis an seasamh atá agat anseo,' a chomhairligh Prendergast. 'Agus an lóistín, tá sé níos costasaí ná Londain.'

'Tuigim é sin go maith,' arsa Éamonn go réidh, 'Ach níl sé i gceist agam dul go Baile Átha Cliath. Is mian liom dul ar ais chuig mo bhaile féin i dTiobraid Árann.'

D'amharc na comhpháirtithe ar a chéile. Níor chuala siad trácht riamh ar Thiobraid Árann ach ba chosúil gurbh fhada uathu an áit, é lasmuigh den phríomhchathair agus i bhfad ón aerfort, rud ab achrannaí go mór fada.

'Suífimid síos go bpléifimid an scéal seo i gceart,' arsa Warrighe, é bréan den seasamh agus gloine fholamh ina lámh aige. Líon sé na gloiní arís, an chuma imníoch sin air go fóill. 'An é go bhfuil duine éigin tinn sa bhaile go bhfuil tú ag iarraidh dul ar ais chuige? Má tá, d'fhéadfaimis roinnt eitiltí abhaile a shocrú duit don deireadh seachtaine, gan aon chostas breise ort féin.' Chlaon Prendergast a cheann á léiriú go raibh sé ar aon intinn le Warrighe.

'Is deas an tairiscint é sin, a dhaoine uaisle ach…,' bheadh air é a admháil, a smaoinigh Éamonn leis féin, '…ach is mian liom dul abhaile toisc go bhfuil mo… mo chailín ag… tá sí ag iompar.'

Ba léir go raibh ionadh ar an mbeirt fhear eile. 'Ag iompar?' ar siad lán d'amhras.

'Agus an ó Thiobraid… ? An Éireannach ise freisin?' a d'fhiafraigh Prendergast.

'Ní hea, ach Polannach. Bhuail mé léi anseo. Katja Grabowski is ainm di.'

'An ea? Níl eolas agam ar an ainm sin. An cuntasóir í nó...?'

'Is rinceoir í... rinceoir proifisiúnta. Séard a bhí i gceist agam ná gur bhuail mé léi anseo i Londain, ach ní ag Prendergast & Warrighe ar ndóigh.' Bhí sé soiléir go raibh spéis mhór ag an mbeirt acu sa mhéid a bhí á rá aige, ach ag an am céanna bhí cuma leathamhrasach orthu go fóill. Níorbh fholáir d'Éamonn na bearnaí a líonadh dóibh nó bheadh Prendergast, ach go háirithe, á shaincheistiú gan staonadh.

B'éigean dó cruth ceart a chur ar an scéal. Níor thit an saol amach anseo mar a shíl sé tráth. Ach tar éis oícheanta gan chodladh a thabhairt ag smaoineamh air, tháinig sé ar an gcinneadh ceart Canary Wharf a fhágáil agus é féin a lonnú in Éirinn. Ba mhian leis áfach, nach mbeadh a fhios ag gach uile dhuine faoin gcaidreamh a bhí aige le Katja. Leis an fhírinne a rá, ní raibh aithne ró-iontach aige féin uirthi go fóill. Ach b'fhearr leis dá gceapfadh a chomhoibrithe gur chuid dá phlean é an t-aistriú seo, go raibh sé ag bogadh chun tosaigh ina shaol.

'Taitníonn Éire go mór le Katja. Bhí sí ar cuairt ann cheana agus tá cairde aici ann. Níl baint mhór aici le Sasana. Ach bhí sí ar saoire anseo nuair a bhuaileamar le chéile. Ní hionann sin is a rá go bpósfaimid láithreach – ní duine cráifeach í – ach táimid sásta aistriú go Tiobraid Árann agus an páiste a thógáil ansin. Cá bhfios – b'fhéidir go n-aistreoimid go dtí an Pholainn i gceann cúpla bliain. Cé go bhfuil an geilleagar sin lag faoi láthair, nach bhfuil acmhainn eacnamaíoch iontach ann?'

D'éist na fir go géar leis. Ní raibh tuairim ag Éamonn cad a déarfaidís faoina mhídhiscréid. Ar deireadh, labhair Warrighe go cúramach críonna. 'Tuigimid go bhfuil do chuid cúraimí ort, a Éamoinn, ach is annamh a oibríonn pleananna den saghas sin. Ní féidir leat ligean do na rudaí sin bac a chuir ar do shaol, ar do shlí bheatha.'

Bhreathnaigh Éamonn an athuair ar na soilse lasmuigh. 'Tá meas agam ar an méid atá á rá agaibh, ach tá an cinneadh déanta agam. Níl agam anseo i Londain ach an oifig oibre seo. B'fhéidir go raibh sé tráthúil gur tharla rud éigin mar seo dom. Nó bheinn anseo go deo!'

Gháir na fir go gnaíúil. 'Ná habair gur drochrud é sin,' a lean Warrighe, 'mar lá éigin, beidh fear misniúil cliste mar thusa ag teastáil uainn mar chomhpháirtí sa ghnólacht seo.'

Leath a shúile ar Éamonn. Sea, tharraing an chaint sin a aird. Thug an bheirt chomhpháirtí an nod dá chéile agus mhínigh Prendergast an scéim a bhí acu dó. 'Ba mhaith linn an seans iontach seo a thairiscint duit anseo ag P&W, a Éamoinn. Séard atá i gceist leis ná gur féidir leat páirtíocht sa chomhlacht a cheannach thar thréimhse chúig bliana déag. Ciallaíonn sé sin, go mbeifeása i do chomhpháirtí iomlán anseo i ndiaidh cúig bliana déag! Nach éacht iontach a bheadh ansin? Faoin am sin beidh tú beagnach fiche bliain níos óige ná mar atáimidne anois. Féach orainne, seanfhir chaite.'

Bheadh sé go hiontach. Éacht mar sin agus sé bliana is dhá scór slánaithe aige. Ní bheadh aon bhuaireamh airgid go deo arís air. Ach faraor, chiallaigh sé go mbeadh air fanacht i Londain, fanacht sa phost seo, san áras seo agus gan aon ghnáthshaol dá chuid féin a bheith aige ar feadh na tréimhse sin ar fad. Chiallaigh sé nach mbeadh aon dul as nuair a thosódh an comhaontú. Ní raibh aon deimhniú ann ach oiread go n-éireodh leis. Bheadh sé ina phríosúnach acu.

Bhí Prendergast agus Warrighe ag faire air agus ag cur muiníne i ndia éigin, dia ar bith, go nglacfadh sé leis an tairiscint. Stocbhróicéir den chéad scoth a bhí in Éamonn. Ghnóthaigh sé an-bhrabús dóibh. 'Déan roinnt machnaimh air, a Éamoinn. Cuimhnigh nach mbeidh tú in ann do chuid scaireanna a bhriseadh go ceann trí nó cúig bliana eile. Beidh tú i bponc go dtí sin ó thaobh airgid de má tá sé ar intinn agat aon infheistíocht a dhéanamh i dteach deas duit féin in Éirinn.'

Smaoinigh Éamonn ar an gcarn airgid a bhí aige sa bhanc. Ní raibh a dhóthain ama aige chun é a chaitheamh. Agus cad air a chaithfeadh sé é? Ní raibh aon bhillí le híoc aige ag P&W. Ach níor thug sé an freagra sin orthu. Dá bhfreagródh sé anois iad, bheadh fáth éigin eile acu chun é a mhealladh agus ní thiocfadh deireadh leis an díospóireacht go dtí go mbuafaidís.

Ní hé is gurbh í Londain an áit ba shábháilte ó thaobh maoine de ar aon chuma. Chuimhnigh sé ar thobthitim luach talún na naoi déag ochtóidí. Bheadh sé mímhúinte é a mheabhrú dóibh ag an am seo. Ina ionad sin, dúirt sé: 'Tá brón orm ina thaobh, ach tá sé de dhualgas orm imeacht.' D'éirigh Éamonn as a chathaoir. 'Comhlíonfaidh mé mo chuid, gan amhras. De réir an chonartha, ní mór dom sé mhí a chaitheamh anseo sula n-imím.' D'umhlaigh sé a cheann go béasach leo agus d'imigh.

Agus é ag filleadh ar a dheasc, smaoinigh sé siar ar an oíche a bhuail sé le Katja. Ní raibh ach an t-aon deireadh seachtaine amháin aige léi. Bhí sí deas gealgháireach leis. Ní cailín an-dathúil a bhí inti ach d'fháisc sí lámh Éamoinn ina lámh féin agus í ag rince. Bhraith Éamonn borradh leictreachais ina chorp. Bhí sé chomh fada ó leag sé lámh ar dhuine eile go raibh dearmad déanta aige ar cé chomh nádúrtha is a mhothaigh sé. Chaith sé a shaol sáite sna margaí agus na ríomhairí. Rud as an nua ba ea duine eile a bhlaiseadh go fisiciúil.

Ní raibh mórán cuimhne aige ar an uile ní a tharla ina dhiaidh sin. Ba chuimhin leis oíche mhaith a chaitheamh i dteannta an chailín. Thug sé a chárta oibre di, nós a bhí aige.

Coicís ó shin anois, chuir sí glaoch air chun an scéala a insint dó. Deich seachtainí a bhí caite cheana féin. Díreach dhá mhí go leith ó chaith sí an deireadh seachtaine leis i Londain. Bhí alltacht air, ar ndóigh. Cheap sé gur faoina cúram siúd a bhí an fhrithghiniúnt ach mheas sé, i ndeireadh na dála, nach raibh ceachtar acu cúramach go leor. D'íoc sé as a heitilt chun teacht ar cuairt chuige i Londain. Bhraith sé ciontach as an méid a bhí tarlaithe. Ós rud é gur rinceoir a bhí inti, i ndiaidh deich seachtainí eile, ní bheadh aon airgead eile le tuilleamh aici. Bheadh sí ag brath go mór ar ioncam agus ar thacaíocht Éamoinn.

Bhí Katja an-cheanúil ar Éirinn. Bheadh an-chuid buntáistí nua ann di. Bhí Éamonn bródúil as an méid sin a chloisteáil uaithi. Bheadh sé níos folláine ansin don pháiste, ar sí. Dá bhfanfaidís i Londain, ní bheadh am ag Éamonn go deo dóibh. Bhí an ceart aici.

***

'An ndéarfaimid leis é?' a d'fhiafraigh Prendergast de Warrighe. 'D'fhan an Spáinneach sin, Hernandes, nuair a d'insíomar dó é. Déarfainn go raibh faoiseamh air an méid sin a chloisteáil uainn. Choinnigh sé gach rud faoi rún.'

'Deacair a rá le hÉamonn,' arsa Warrighe. 'Tá sé difriúil. Cultúr difriúil aige. Dar liomsa, tá sé sáite ina cheann aige anois go bhfuil sé chun an áit a fhágáil agus a shaol a chomhlíonadh leis an leanbh sin.'

'Ach má tá sé chun an áit a fhágáil, nach fiú triail a bhaint as pé scéal é?'

'Maith go leor.'

***

Baineadh siar as Éamonn Geoff Prendergast agus Nicolas Warrighe a fheiceáil ar an naoú hurlár. Rud as an ngnách ar fad ba ea é seo. Chaithfeadh sé go raibh siad an-díomách go mbeadh orthu slán a fhágáil leis. Ach bheadh sé anseo go ceann breis is cúig mhí eile go fóill.

Ní raibh aon duine eile timpeall na háite. Sheas Éamonn agus bheannaigh dóibh. Mar ba dhual dóibh, níor chuir siad aon am amú le mionchaint.

'Is oth liom a rá leat, a Éamoinn,' a thosaigh Prendergast, 'agus is oth liom gur mise atá ag rá an méid seo leat ach…'

Bhí mearbhall ar Éamonn. Cad a bhí ag tarlú dó in aon chor? An raibh siad chun é a dhíbirt amach as an bhfoirgneamh inniu? Bhí cuma an-dáiríre orthu. An raibh siad chun é a chaitheamh amach as an bhfoirgneamh ón naoú hurlár? Chuir sé guaim air féin. Bhí sé traochta agus ní raibh sé ag smaoineamh mar ba chóir dó. 'Ní leatsa an leanbh sin, a Éamoinn.'

'Gabh mo leithscéal?' arsa Éamonn. Ar chuala sé i gceart é?

'Ní leatsa an leanbh atá á iompar ag an bPolannach.'

Cén cleas claon a bhí á imirt acu air? 'Ní thuigim cad atá i gceist agat,' ar sé go simplí.

'Breathnaigh ar an gcupán uisce sin ar do dheasc. Cá bhfuair tú é?'

'Ón umar in aice liom, mar a bhfaighim gach uile lá é.'

'Díreach é! Ní theipeann riamh ar an uisce mar mhodh. Tá umar i do stiúideo chomh maith agat, nach bhfuil?'

Bhí Éamonn trína chéile. Níor thuig sé cén bhaint a bhí ag aon rud le chéile. An raibh sé ag dul le báiní?

Lean Prendergast: 'Breathnaigh thart ar do chomhoibrithe. Níl páistí acu ach an oiread. Cén fáth a ligfidís do pháistí teacht sa bhealach ar a slite beatha iontacha? Níl sé d'acmhainn againne ár n-oibrithe maithe a chailliúnt de bharr aon saghas míchaoithiúlachta mar sin. Ní mian linn íoc as lucht oibre neamhfhoirfe ach oiread. Tá mná gan mhaith nuair a thosaíonn siad ag iompar agus ní thugann siad céad faoin gcéad riamh ina dhiaidh sin. Tá na fir á leanúint, feictear dúinn.'

'A Éamoinn, ní tusa athair an linbh sin mar tá an piolla frithghiniúna fireann á thógáil agat gach uile lá i do chupán uisce.'

Ní rachadh a chuid focal i bhfeidhm ar Éamonn. Bhí nóta an dochtúra feicthe aige ó Katja. An dáta ar a raibh an leanbh le teacht agus an líon seachtainí, gach rud scríofa air. Gineadh an páiste sin nuair a bhí sí leis i Londain. Bhí sé cinnte de. Ba ar éigean a bhí sé in ann an méid sin a rá leis na comhpháirtithe. Bhí náire air. Cleas suarach a bhí anseo. Cleas cruálach suarach.

Gháir Warrighe. 'Nár tháinig tú trasna ar an gcleas sin riamh roimhe seo? Cuirtear san áireamh coicís bhreise nuair a mheastar tréimhse iompair. Ghin sí an leanbh coicís tar éis bualadh leatsa. Nuair a bhí sí sa bhaile, is dócha. Pé athair atá ag an leanbh, is fearr leis an máthair an méid atá á thairiscint agatsa. Glac leis uainne. Fan i Londain. Fan linne. Ní féidir gur tusa athair an linbh agus an piolla frithghiniúna fireann á ól agat gach lá.'

Camino

Bhí Ramón ina shuí, an dá chois trasna ar a chéile, ar an gclár adhmaid a shín ó thaobh amháin go taobh eile an tí. Phioc sé carraig asfailt ón stór i gcoinne an bhalla agus thosaigh ar sheisiún deireanach an tráthnóna. Bhuail sé roinnt carraigeacha i gcoinne a chéile chun iad a bhriseadh. An chuid eile, bhí air iad a chuimilt le huirlis mhaol. Chaith sé na píosaí beaga isteach i gciseán seanchaite taobh leis.

Nuair a bheadh an ciseán lán, thógfadh sé go dtí an barra rotha é agus d'iompódh sé a raibh ann isteach sa bharra. Nuair a bheadh sé sin lán, rachadh sé ar aistear níos faide suas an sliabh agus dhíolfadh sé leis na forbróirí tionscail iad. Ó am go chéile, líon siad a bharra le carraigeacha móra arís. An chuid is mó den am, bhí air dul á dtóraíocht é féin.

Bhí an seachród réidh nach mór. Nuair a bheadh sé iomlán críochnaithe, ní bheadh aon éileamh ag na forbróirí ar sholáthairtí Ramón ní ba mó. Bheadh air obair éigin eile a lorg chun airgead a thuilleamh dó féin agus dá aintín. Níor rún ar bith é go raibh siad chun maireachtáil ar na féiríní a fuair siad ó na cuairteoirí a tháinig chuici corruair. Ba iad na daoine ab éadóchasaí ar fad a thug faoin aistear achrannach go dtí a hionad cónaithe sna hAindéis.

Thug sé sracfhéachaint anonn go dtí an taobh eile den chlár áit a raibh sí ina suí sa chathaoir luascáin, ina codladh a mheas sé. Cé nach raibh radharc na súl aici, chonaic súil a haigne i bhfad níos mó ná mar a d'fheicfeadh Ramón go deo.

Thuig sí go raibh sé ag faire uirthi. 'Casfaidh an aimsir,' a d'fhógair Eispí óna cathaoir.

Rinne Ramón miongháire; 'Ní gá bean feasa chun an méid sin a insint dom.'

'An bhfuil do ghlúin ag cur as duit?' a d'fhiafraigh sí ach bhí freagra na ceiste ar eolas aici.

'Tá pian i mo ghlúin, tá pian i ngach áit orm, mar a tharlaíonn i gcónaí nuair atá athrú le teacht ar an aimsir. Ní cuimhin liom tréimhse triomaigh ab fhaide ná an ceann seo. Is dócha go mbeidh tráth na báistí trom go leor nuair a thagann sé, pé uair a tharlaíonn sé sin.'

Deich mbliana roimhe sin, agus é i mbun oibre ar an mbóthar, sciorr Ramón agus thit trí pholl caol domhain sa scrobarnach. Ní raibh aon seirbhísí éigeandála in aice láimhe, ná fiú fón chun glaoch a chur orthu dá mba rud é go raibh siad ar fáil. Luigh sé ar leath-aithne sa pholl ar feadh naoi n-uaire an chloig go dtí gur tháinig an fhoireann tarrthála. Níor tháinig biseach ceart ar a ghlúin riamh. Dá bhrí sin, ní raibh an deis chéanna ag Ramón obair a fháil ar an seachród is a bhí ag na fir eile thíos sa bhaile. Ach ar an dea-uair, bhí sé in ann caidreamh a dhéanamh lena aintín i rith an lae.

'Beidh orm dul ar thóir oibre eile ar ball. Beidh an seachród réidh sula dtagann an bháisteach agus imeoidh na forbróirí.'

Ní raibh Eispí den tuairim chéanna. 'Tá daoine ag rá le fada go n-athróidh an aimsir ar ball ach táimid fós ag fanacht ar an athrú céanna.'

Thuig Ramón cad a bhí i gceist aici. D'fhan an aimsir seo thar fhad na fáilte. Bhí muintir na háite á rá arís agus arís eile go dtiocfadh críoch leis an séasúr tirim go luath; go mbeadh báisteach ann an tseachtain ina dhiaidh sin. Sa chaoi chéanna bhí an seachród 'beagnach críochnaithe' le roinnt mhaith blianta anuas.

Ach an uair seo, bhain na forbróirí tairbhe as an tréimhse fhada gan bháisteach, agus bhí siad ag druidim le deireadh an tionscadail i ndáiríre. D'fhulaing na hoibrithe teas an lae chun a gclann a chothú. Bhí siad ag brath ar a chéile. Mura dtiocfadh an bháisteach go luath, ní bheadh barra le baint. Mura mbeadh barra le baint, ní bheadh aon phost acu ná aon bhia le tabhairt dá gclann.

Tháinig cuma bhuartha ar Eispí go tobann. 'An bhfuil pian ag teacht ortsa chomh maith?' a d'fhiafraigh Ramón go himníoch di. D'éirigh sé chun freastal uirthi. D'fhan sí ina tost agus thuig Ramón láithreach go raibh fís ag tarlú. Dhoimhnigh na línte ar a haghaidh chríonna nuair a tarraingíodh isteach san fhís í.

B'eol do Ramón gur tharla físeanna gan choinne go neamhrialta. De ghnáth, thugtaí pictiúr nó sealúchas duine éigin di le léamh. Spreag siad sin smaointe, íomhánna nó mothúcháin láidre agus thug sí comhairle dá lucht éisteachta dá mb'fhéidir.

D'fhan Ramón in aice léi go dtí gur shíothlaigh an fhís. Níor fhiafraigh sé di cad a bhí ann. Ní dhearna riamh. Déarfadh sí leis é dá mba mhian léi.

Faoi dheireadh, lig Eispí osna ach bhí teannas go fóill ina corp. Chíor Ramón a intinn ag lorg rud éigin le rá. 'Tá sé beagnach a seacht. Gheobhaidh mé na seacláidí.'

Thráigh an bhuairt ar a héadan. 'Bheadh sé sin go deas,' ar sí.

Chuimil Ramón a lámha griandaite ar a *jeans* tréigthe agus chuaigh ag bacadaíl leis isteach sa chistin. Ba é an seomra bia agus an seomra suí in éineacht é. D'oscail sé an drisiúr agus bhain amach an bosca beag órga seacláidí Beilgeacha. Bean feasa ba ea Eispí ach ní raibh sí ag súil leis an bhféirín beadaí seo nuair a tháinig sé an tseachtain seo caite.

Bhí blas éagsúil ar gach seacláid. Bhí siad draíochtach. I bhfad níos fearr ná na duilleoga coca a bhíodh á gcogaint ag Ramón ó am go chéile, dá mbeadh air fanacht ina shuí.

Bhain Ramón an ribín glas agus é lasmuigh. Scar sé an chairtchlár. Trí cinn fágtha. 'Tía,' a ghlaoigh sé ar a aintín. 'Tá trí cinn fágtha. Bíodh ceann agatsa anois agus beidh ceann an duine againn oíche amárach.' Le linn dó labhairt léi, d'aithin sé scáil imní ar aghaidh a aintín arís ach i bhfaiteadh na súl, bhí gach rian de imithe. Bhí

Ramón ag ceapadh nach raibh ann b'fhéidir ach ga gréine ag damhsa ar a haghaidh.

Ghlac Eispí leis an seacláid. Gan smid eile, d'fhill Ramón ar an gcistin áit ar cheangail sé an ribín arís mar a rinne sé gach tráthnóna an tseachtain seo, agus chuir an bosca ar ais sa drisiúr don uair dheireanach. Chuaigh sé amach chun faire ar a aintín agus í ag ithe na seacláide. Chaith loinnir na gréine solas ar an gclúdach airgid. Bhí teas an tráthnóna á leá cheana féin. Smaoinigh Ramón siar ar an mbeirt a thug an bosca seacláide chun an tí seachtain roimhe sin. N'fheadar an bhfuair siad a raibh á lorg acu?

***

Tháinig Bean Uí Nualláin agus a fear céile chun labhairt le hEispí mar gheall ar a n-iníon, Hayley. Bhí Hayley ar iarraidh le hocht seachtain anuas. Mhothaigh Ramón trua don bheirt nuair a chonaic sé iad. Rug siad greim docht ar a chéile amhail is go gcaillfeadh duine amháin an duine eile dá scaoilfidís a ngreim.

Bhí gach modh ídithe acu agus iad ar thóir na hiníne. Bhí na póilíní tar éis éirí as an gcuardach. Dúirt an t-oibrí sóisialta go raibh sé in am acu 'bogadh ar aghaidh,' go raibh 'gach seans ann gur imigh Hayley chun na mórroinne le buachaill éigin.' Ní ghlacfadh muintir Nualláin leis na leithscéalta seo. Sin é an fáth ar tháinig siad trasna na cruinne go dtí cistin Eispí chun labhairt léi.

Chuaigh Ramón i mbun obair an tí cé go raibh leathshúil an t-am ar fad aige ar an gcaidreamh idir a aintín agus muintir Nualláin. Thug siad grianghraf Hayley do Eispí ag súil go ndéarfadh sí leo cá raibh a n-iníon. Dúirt Eispí leo go raibh a n-iníon marbh.

Theannaigh an tUasal Ó Nualláin a bhean chuige agus lig di gol ceart a dhéanamh. Cé go raibh sé cruálach, b'fhearr dóibh an fhírinne a chloisteáil, dar le Ramón, ná í a cheilt.

D'inis Eispí dóibh go bhfeadfaí teacht ar chorp Hayley i bhforaois nach raibh rófhada ó mhainéar mór bán. An raibh mainéar mór bán ar a n-eolas? Bhí mainéar i ngar dóibh, a dúirt siad.

'Níl sibh ag smaoineamh ar an gceann ceart,' arsa Eispí. 'Téigí níos faide siar. Tá tailte móra ag an teach seo. Chuir an dúnmharfóir i bhfolach faoin duilliúr í, agus a fhios aige nach leagfaí cos ar an eastát go dtí an t-earrach nuair a thósódh muintir na háite ag fiach ann arís.'

D'inis Eispí dóibh nach raibh an fear chomh glic is a cheap sé. Ina hintinn, chonaic sí ábhar lonrach beag in aice le ceap crann mór darach. Bhí deifir ar an marfóir éalú agus baineadh tuisle as. Nuair a thit sé, sciorr an rud beag seo amach as a phóca. Cad a bhí ann? Fáinne, b'fhéidir? Nó lastóir? Níorbh fholáir dóibh é a aimsiú a luaithe a bhainfidís an baile amach, sula ngoidfeadh ainmhí fiosrach nó éan uathu é.

'Má aimsíonn sibh é sin, déanfar an ceart. Ach déan deabhadh. Tá an dúnmharfóir colgach cancrach, lánullamh chun an scian a shá arís.'

Cartús seilge ba ea an rud beag lonrach, dar le Ramón. Bhí ríomhairí acu sna háiteanna sin agus cuntas acu ar na daoine ar leo na gunnaí agus na cartúis. Dá bhfaighidís an cartús, bheadh a fhios acu an té a bhí ciontach.

Cé go raibh dobrón ar an mbeirt agus iad ag fágáil slán ag Eispí, bhí rud nua tarlaithe dóibh. Bhí cuma dhiongbháilte orthu seachas mar a bhí nuair a tháinig siad i dtosach.

Ba ghnách le cuairteoirí glasraí nó éadaí a fhágáil ag Eispí chun buíochas a ghabháil léi. D'fhág an bheirt seo seacláidí Beilgeacha.

***

Bhí Séamas Scorlóg colgach cancrach. Caoga uair an chloig ó shin, d'fhág sé a árasán. Ní raibh Londain, Chicago, Miami ná Santa Cruz ar liosta na n-áiteanna a raibh sé ag iarraidh cuairt a thabhairt orthu, ach ghabh sé tríothu sin uile le linn an chaoga uair an chloig sin. Anois bhí amadán i La Paz ag déanamh amadáin de toisc gur duine geal é Séamas agus gur cheap sé go raibh neart airgid le fáil uaidh.

'D'fhéadfainn an gluaisteán a cheannach ar an bpraghas sin!' a liúigh Séamas.

Chroith an freastalaí a cheann agus shín amach na lámha, á léiriú nár thuig sé cad a bhí á rá aige. Rinne Séamas siosarnach ghránna ach thug na dollair dó. Ní raibh an dara rogha aige. Bhí deifir air.

'Ná bí ag súil go bhfaighidh tú ar ais é,' arsa Séamas, nach raibh chun bacadh le La Paz ar an slí ar ais. Dhumpálfadh sé an gluaisteán ar an mbealach go Santa Cruz. Bhí ticéad oscailte aige uaidh sin ar aghaidh. Rachadh sé trí Dallas, Amstardam agus abhaile ansin. Nó b'fhéidir go bhfanfadh sé scaitheamh in Amstardam.

Rinne an freastalaí neamhshuim de. Bhí sé ar bís chun dollair a fháil. Yugo dubh ba ea an fheithicil a thug sé dó. Ceann de na gluaisteáin ab fhearr a bhí acu sa chlós, dar le Séamas.

Aistear casta fada a bhí roimhe. Ní raibh taithí aige ar an mbóthar ach bhí eolas faighte aige air. Bhí a dhóthain ama aige i rith an turais machnamh a dhéanamh ar an mbeart a bhí curtha roimhe aige.

Ní dheachaigh sé sa seans scian nó gunna a bhreith leis ar an eitleán ach níor ghá é. Arm ba ea gach aon ní, dá mba mhian leis é. Thug an fhoireann eitleáin tuáillí dó. D'úsáidfeadh sé iad chun an tseanbhean a thachtadh. Ní fhágfaidís sin mórán marcanna ar a muineál. Cheapfadh daoine gur de bharr taom croí a tharla an tubaiste. Bhí sí aosta. Bhí sí lag agus sobhriste. Bhí cónaí uirthi i gceantar cúlriascach. Ní bheadh aon duine ann chun teacht i gcabhair uirthi. Bhí sí dall freisin. Ní raibh aon dul as.

Chuala sé an scéal ar an teilifís. Tháinig na gardaí ar chorp an Nuallánaigh sin sa choill. Dúirt na tuismitheoirí le linn agallaimh gur inis 'bean feasa' i Meiriceá Theas dóibh cá raibh a n-iníon. Seafóid, a dúirt roinnt daoine, ach baineadh geit as Séamas. Cad eile a bhí ráite aici faoin eachtra?

Dúirt na gardaí go raibh 'leid nua' acu a chabhródh leo teacht ar an marfóir, gur tuigeadh dóibh go raibh sé freagrach as tarlúintí eile sa réigiún. Thuig Séamas go ndúirt siad rudaí mar sin chun an té a bhí ciontach a scanrú agus misneach a thabhairt don phobal go dtí gur dhírigh siad a n-intinn ar ábhar éigin eile. Mar sin féin, b'fhearr dó an clab damáisteach a mhúchadh ar eagla go dtabharfadh sí aon 'leid' eile dóibh.

***

'Táthar ag lorg oibrí do na seirbhísí tarrthála,' a d'inis Ramón d'Eispí. 'Tá sé i gceist agam dul síos faoin mbaile maidin amárach go gcuirfidh siad agallamh orm.'

'Tá go maith,' arsa Eispí. 'B'fhearr duit post seasmhach mar sin a fháil thíos sa bhaile. B'fhéidir nach bhfuil i bhfad agam ar an saol seo agus is dócha go mbogfaidh tú ón áit seo nuair a bheadsa imithe.'

'Cén chaint í sin agat?' arsa Ramón.

'Och, níl ann ach caint. Measaim go ndéanfá oifigeach breá.'

D'amharc sé go fiosrach uirthi ach ní dúirt sí dada eile leis. Ós rud é gur thug sí a beannacht dó, thuig sé go mbeadh sé sábháilte dul síos chun an bhaile an lá dar gcionn. B'fhéidir go n-éireodh leis an post a fháil chomh maith.

'An mbeidh tú ceart go leor anseo i d'aonar ar feadh an lae? Ní gá dom dul i ndáiríre. D'fhéadfainn duine a fháil chun fanacht leat nó d'fhéadfá teacht liom.'

'Beidh mé ceart, a Ramón, imigh leat go dtí an baile amárach.'

***

Bhí Séamas bréan den tiomáint. Bhí sé bréan den tsíorghabháil trí sheantáin lofa iargúlta. Bhí sé bréan de bheith ina shuí i seanghluaisteán plúchta. Bhí sé féin bréan. Ach bhí sé i ngar di. Bhí a fhios aige ina chroí go raibh sé ag druidim lena cheann scríbe.

Tháinig sé chomh fada le seanbhean a bhí ina suí ar chathaoir luascáin ar chlár adhmaid os comhair tí. Bhí báisín uisce taobh léi lán de thorthaí siontadúró. Thóg sí iad, ceann ar cheann, bhain an plaosc agus chuir isteach i mbabhla iad.

Chreid Séamas go mb'fhéidir go mbeadh a fhios aici cá raibh an bhean dall, murarbh ise féin an duine a bhí á lorg aige. Bheannaigh sé di ón ngluaisteáin. 'Gabh mo leithscéal, táim ag iarraidh teacht ar bhean.' Stad an bhean den obair agus dhírigh sí a haird air. 'Táim ag lorg mná faoi leith,' a gháir sé. Bhuail smaoineamh é agus stad den gháire. 'Cloisim gur féidir leis an mbean seo labhairt leis na mairbh. D'éag cara liom agus ba mhaith liom a fháil amach an bhfuil sí ar shlí na fírinne anois.'

Ní raibh focal eile as ceachtar acu ar feadh nóiméid. Ansin d'ardaigh an bhean a méar agus dhírigh níos faide suas an bóthar é.

'Píosa níos faide suas,' arsa an bhean. 'Tiocfaidh tú ar dhaoine a bhíonn ag caint leis na mairbh. Cuirfidh siad ar an tslí cheart thú.' Bhí sos eile ann. Bhí Séamas amhrasach faoin mbean ait seo go fóill.

'Cén chuma atá ar a teach?' a d'fhiafraigh sé di.

'Cuibheasach mór,' a d'fhreagair sí. 'Dath dearg ar an doras.'

'Dearg, an ea? Cosúil leis an toradh i do lámh agat?'

'I bhfad níos deirge.'

***

Tháinig Ramón isteach an doras agus lig osna fhada. Chuaigh sé sall chuig a aintín a bhí ina suí sa chathaoir uilleann. Thug sé póg ar bhaitheas a cinn di ach níor chorraigh sí. D'amharc sé ar an mbáisín siontaduró leathscamhaite. Shuigh sé ar a ghogaide chun breathnú i gceart uirthi.

'Tía,' arsa Ramón agus lámh aige uirthi. Dúisíodh as a codladh í agus d'oscail a súile dalla.

'Ó, a Ramón. Bhí dreas codlata uaim.' Rinne Eispí méanfach. 'Conas a d'éirigh leat?'

'Ní bhfuair mé an post,' arsa Ramón go díomách. Rinne seisean méanfach. 'Dúirt siad go bhfuilim rófhada uathu agus go mbeinn rómhall in am na héigeandála. D'iarr siad orm teacht ar ais nuair a bheadh bóithre níos fearr againn! A leithéid! An raibh lá maith agat féin?'

'Bhí, gan amhras. Éist, ná bí buartha faoin bpost. An bhfuil an seachród críochnaithe go fóill?'

'Níl.'

'Bainfidh tú bliain eile as na forbróirí tionscail mar ní chríochnóidh siad an uair seo é. Tá an ghaoth ag athrú.'

'Fanfaimid bliain eile anseo mar sin. Anois, réiteoidh mé greim bia don dinnéar agus beidh seacláid againn ina dhiaidh.'

***

Lean Séamas air ag dreapadh. D'éirigh an bóthar níos cúinge, dá bhféadfaí bóthar a thabhairt air. Smúitraon a bhí ann. Is ar éigean a bhí trí mhéadar ar leithead ann. D'fhan sé ar thaobh na láimhe clé oiread agus ab fhéidir leis. Shín na carraigeacha ar an taobh sin go híor na spéire. Ar thaobh an phaisinéara, bhí aill caoldíreach síos. Ag bun an chainneoin, bhí sruthán beag bídeach le feiceáil.

Chuir sé gruig air féin. Chaith sé go raibh sé i ngar don bhrocaire anois. Bhí an turas seo ag cur as go mór dó, ó thaobh ama agus ó thaobh airgid de. Tharraing sé ar na smaointe dorcha a bhí ag snámh trína chloigeann. Ba ghá dó éirí tógtha, riastradh a theacht air, a bhrú fola a ardú, go mbeadh an fuinneamh ann an beart a dhéanamh. Ní éireodh sé as go raibh an beart curtha i gcrích aige.

Bhí brat ceo ag druidim ina threo. Bhí an radharc amach roimhe neamhshoiléir. Thiomáin sé níos moille fós. Chas sé ar dheis agus ar chlé, ar dheis agus ar chlé arís.

Tháinig deireadh tobann leis an triomach fada: thit an bháisteach ina slaoda ar nós easa síos ballaí an duibheagáin. Shil sláthach ar dhromchla an bhóthair.

Chas Séamas ar dheis arís eile agus sciorr sé féin agus an gluaisteán isteach sa duibheagán marfach.

Cosaint Sonraí

Chaith Leanóra a mála láimhe de sheithe na muice ar a cathaoir sclóine. 'Táim préachta,' a gheoin sí, agus a cóta dufail donn agus a scaif ghlas á gcrochadh aici ar an seastán. Níor thug Gráinne mórán airde uirthi. Bhí sí sáite in obair na maidine.

'Hmmm? Cad é?'

'Táim préachta, a dúirt mé. Meas tú an mbeidh sé ag cur sneachta i rith an deireadh seachtaine?'

'Is dócha go mbeidh.'

Phlab Leanóra í féin in aice le stáisiún oibre Ghráinne agus lean uirthi ag cabaireacht: 'Níl Seán istigh inniu, an bhfuil? Nach bhfuil an t-ádh air? Ba bhreá liomsa an mhaidin a chaitheamh i m'árasán breá te agus siúl thart cosnocht i mo chulaith oíche go dtí a trí! Amárach an Satharn, ar a laghad, agus beidh deis agam ansin mo scíth a ligean – rud nach mbeidh ar do chumas-sa a dhéanamh. Cuimhneoidh mé ort agus tú céasta ag an bhfuacht

Artach!'

Chlaon Gráinne a ceann rud beag i dtreo na mná eile ach choimeád sí súil ar an scáileán an t-am ar fad. 'Ní hionann go díreach na hAlpa Ostaracha agus an tArtach. Ní chéasfar mé. Ní eachtra rómhór ar fad é dul chun na hOstaire. Riachtanas traenála, sin uile. Ní mór dúinn a fhoghlaim conas maireachtáil i dtimpeallacht den chineál sin. Ní foláir dúinn sinn féin a ullmhú don teocht antoisceach. Táimid ag súil le -40°C sa Mhol Thuaidh i Mí Aibreáin. Déarfainn go mbeidh teocht -4°C againn anseo i rith an deireadh seachtaine.'

Bhí an scéal cloiste ag Leanóra arís agus arís eile. Níor thuig sí cén fáth ó thalamh an domhain go raibh dúil chomh mór ag Gráinne tabhairt faoin *Scott Dunn Polar Challenge*. Aistear millteanach a bhí ann; rás 592 ciliméadar ó mhianra Polaris i gceantar Nunavut Cheanada chomh fada leis an Mol Thuaidh. Ach an fharraige mhór oighir a bhí ag gluaiseacht de shíor a thrasnú! Bhí Gráinne craiceáilte, dar le Leanóra.

'A Thiarcais, a Ghráinne! Cén fáth nach féidir leat tabhairt faoi *ghnáth*-chaitheamh aimsire mar a dhéanann gach duine eile? Cad faoi bhadmantan nó aeróbaic?'

Thug Gráinne aghaidh ar a comhoibrí agus lasair ina súil. Bhí freagra na ceiste sin de ghlanmheabhair aici: 'Ní leor folláine aeróbaice amháin don dúshlán seo. Caithfear siúlóidí diana a mhaireann aon uair an chloig déag in aghaidh an lae a dhéanamh. Caithfear éirí an lá ina dhiaidh sin agus an beart céanna a dhéanamh an athuair.'

Agus an méid sin ráite aici, dhírigh sí a hintinn ar an obair arís. Ní raibh suim dá laghad ag Leanóra breis ama a chaitheamh ag plé an ábhair seo ach oiread. Bhrúigh sí siar a cathaoir go lár a cubhachail agus d'éirigh sí.

'Ní féidir liom mo chuid oibre a thosú agus mo mhéaranna beaga sioctha ag an bhfuacht,' a d'fhógair sí. 'Ní fhéadfainn an méarchlár féin a láimhseáil fiú. Táim ag fáil *latte* ón gceaintín. Bíodh an achoimre déanta agat faoin am a fhillim.'

'Baint sult as an gcaife,' arsa Gráinne faoina hanáil agus an maor foirne ag fágáil.

Ba é cúram na tubaiste a bhí ag Gráinne le déanamh ná liosta míosúil a chur le chéile de na tithe nach raibh an bille gáis íoctha acu tar éis an tríú rabhadh a bheith eisithe. Iad siúd a bhí ar an liosta go fóill faoin gceathrú Aoine den mhí, ghearrfaí an soláthar orthu an tráthnóna sin.

Thuig sí go dtarlaíodh sé ó am go chéile nach mbíodh bille íoctha de bharr athrú úinéara in áit chónaithe ar leith. Amanna eile, d'athraigh daoine go córas eile gan an bille deireanach a shocrú. Daoine eile, ní raibh leithscéal ar bith acu ach leisce.

Cé go raibh feabhas tagtha ar an gcaighdeán maireachtála, agus an tsochaí éirithe níos rathúla le blianta beaga anuas, thuig Gráinne go raibh roinnt daoine, seandaoine ach go háirithe, agus deacrachtaí airgeadais acu go fóill. Leath na súile uirthi nuair a chonaic sí muintir Hilliard ar an liosta.

Sheol boladh caife isteach sa chubhachail nuair a d'fhill Leanóra agus muga mór ina lámh aici. Agus straois an aoibhnis ar a haghaidh, leag sí an muga ar an deasc. Chaith sí a mála ar leataobh, bhuail sí fúithi agus las an monatóir. Ón uair go mbíodh deifir uirthi ag fágáil na hoifige gach tráthnóna chomh tapa agus ab fhéidir léi, níor bhac sí riamh leis an ríomhaire féin a mhúchadh.

'Táimid sna flaithis leis an meaisín nua sin acu sa cheaintín. Déanann sé cupán rí-speisialta. Seo é an dara ceann agam. Nach mbainfeá triail as, a Ghráinne?'

'Lá éigin eile b'fhéidir, go raibh maith agat, a Leanóra. Maidir leis an liosta seo, tá ainm ar leith…'

'An liosta? Maith an cailín! Déanta agat cheana féin. Ó dá mbeinn in ann éirí chomh luath leatsa gach maidin…' Sciob Leanóra an achoimre ó Ghráinne agus thosaigh sí á mionscrúdú.

'Bhí mé díreach ag smaoineamh ar mhuintir Hilliard …'

'Cad fúthu?' Lean Leanóra ag breathnú ar an bpáipéar.

'Bhuel, táim nach mór cinnte go bhfuil cónaí orthu ag bun bhóthar Naomh Maitiú, nach bhfuil ach timpeall an chúinne uaimse. Níl ach súilaithne agam ar an Uasal Hilliard agus a bhean ach tuigtear dom gur daoine macánta iad.' Rinne Gráinne iarracht ar mheon Leanóra a thomhas roimh ré. Ach rinne sise neamhiontas den mhéid a bhí á rá ag Gráinne. Lean sí uirthi ag léamh tríd an liosta agus theann sí a póló uirthi. Nuair a bhí an chuma uirthi nach raibh aon ní aici le cur leis an ábhar faoi chaibidil, lean Gráinne: 'Daoine aosta is ea iad, ar bheagán airgid. Caithfidh go bhfuil cúis éigin nár éirigh leo an bille a íoc go fóill. Níl mórán tacaíochta acu…'

Chroith Leanóra a ceann faoi mar a bheadh sí ag iarraidh

brionglóid a chur di. 'I ndáiríre, a Ghráinne, ní ceart duit
ligean do do thuairimí féin nó pé cairde pearsanta atá
agat, cur isteach ar do chuid oibre. An bhfuil dearmad
déanta agat cheana féin faoin gcomhairle a cuireadh
orainn seachtain ó shin le linn an chúrsa Feasacht Ghnó?
Nach cuimhin leat gur chuir siad ina luí orainn
proifisiúntacht a léiriú i gcónaí agus gan ár dtuairimí
pearsanta a nochtadh?'

'Ach ní cairde pearsanta iad na daoine seo. Is custaiméirí
iad agus aithním é sin,' arsa Gráinne. 'Agus nílimid ag
tagairt do thuairimí i láthair na huaire ach an rud ceart a
dhéanamh.'

Chrap Leanóra a beola. Bhí Gráinne i mbaol a bheith
easumhal. Nuair a labhair sí arís, labhair Leanóra go ciúin
tomhaiste.

'Cinntíonn an comhlacht seo go bhfuil do thuarastal ina
shuí i do chuntas bainc gach mí. Ar an gcaoi chéanna, ba
chóir go n-íocfadh ár gcuid custaiméirí as na táirgí agus
na seirbhísí a sholáthraímid dóibh siúd gach mí gan teip.
Dá mbeifeása i do stiúrthóir anseo, bheimis ar fad ag
fágáil slán lenár dtuarastal.'

Lig sí an abairt dheireanach sin aisti os ard agus

chríochnaigh sí le sciotaíl gháire. Stán Gráinne ar a comhoibrí. De réir a chéile, bhog sí a cathaoir ar ais chuig a stáisiún oibre féin agus rinne sí iarracht díriú arís ar an obair.

'Cheap mé,' ar sí ar crith, 'go mb' fhéidir nach raibh ar a gcumas dul amach ina n-aonar. Is daoine aosta iad. B'fhéidir nach bhfuil duine acu ar fónamh. Níor bhraith mé go mbeimis ag déanamh leas ár gcustaiméirí dá ngearrfaimis an líne sa drochaimsir seo. Dá mbeimis in ann glaoch a chur orthu...' Rith sé léi nach raibh tairbhe ar bith sa mhéid a bhí á rá aici. Bhí lámh Leanóra os a comhair amach ar nós Garda ag stiúradh tráchta á chur in iúl di stad.

'Tá brón orm, a Ghráinne,' ar sí agus é soiléir nach raibh brón ar bith uirthi, 'tá forálacha an bhille um chosaint sonraí ann. Níl sé de chead againn sonraí pearsanta na ndaoine sin a fhiosrú. Sárú príobháide a bheadh ansin. Fúthusan atá sé a bheith ina gcustaiméirí againne feasta. Anois, ní miste an liosta seo a thabhairt do Cholm.' Sheas sí go tobann agus shiúil amach as an gcubhachail.

D'fhéach Gráinne uirthi agus í ag fágáil. Cad eile a d'fhéadfadh sí a dhéanamh? Chaithfeadh sé go raibh rud éigin ann. Bhí, cinnte! Bhí sí in ann an uimhir fóin a fhiosrú ar an lár-ríomhaire.

Logáil sí í féin isteach agus thosaigh ag clóscríobh go fíochmhar. Cén fáth nár bhain sí triail as seo níos luaithe in áit am a chur amú le Leanóra, a bhain taitneamh rómhór as an mbeagán cumhachta a bhí aici. Ní bainisteoir féin a bhí inti!

Brostaigh! a d'impigh sí ar an ríomhaire. Bhainfeadh seilide gáire as moill an chórais seo. Tar éis cúpla nóiméad agus í ag breith chuici féin, nocht na sonraí cuí ar an scáileán:

An tUasal Aaron Hilliard, 1 Bóthar Naomh Maitiú

Gan íoc: €26.49

Cód: Dearg

Cúig bliana agus ochtó a bhí slánaithe ag an bhfear seo! An raibh an bord ag súil go dtógfadh sé sos ón maratón a bhí á rith aige agus teacht isteach chun bille a íoc?

Bhí cloiste ag Gráinne gur garraíodóir a bhí ann sula ndeachaigh sé ar scor. Thuig sí gurbh fhear séimh é, agus é airdeallach go leor. Anois bhí an bord ar tí an líne a ghearradh mar gheall ar íocaíocht shuarach €26.49. Agus nach raibh cuntas glan i gcónaí aige roimhe sin?

Scrábáil Gráinne na sonraí ar a bos, d'ardaigh an fón agus tar éis líne sheachtrach a aimsiú, ghlaoigh sí ar an uimhir. D'fhan sí le freagra. Chuala sí *dring* an fhóin ar an taobh eile. Freagair é, a d' impigh sí ina haigne féin. Freagair é!

Chuala sí Leanóra ag seitgháire sa chubhachail béal dorais. Gligín ceart a bhí inti, dar le Gráinne. Ní raibh rud ar bith inti faoin screamh sin de dhath gréine bréagach ar a craiceann. Bhí sí san fhoirgneamh le huair an chloig cheana féin ar maidin agus gan aon bhuille oibre déanta aici.

Ní fhéadfadh Gráinne fanacht a thuilleadh. Chuir sí síos an fón nuair a chuala sí Leanóra ag druidim ina leith.

***

'Táim ag éirí dearmadach, a Aaron. Inis dom arís, cathain a bheas Eoghan ag teacht?'

'Beidh sé anseo in am don tae. Gheobhaidh sé tacsaí díreach ón aerfort.'

'Go maith. Táim chun fear sinséir a bhácáil dó. An t-arán is fearr leis. Ní mór dom tosú ar gach rud a ullmhú anois.'

Gan deifir ar bith uirthi, d'éirigh Róisín óna bricfeasta agus

d'oscail an lardrús. Chuir sí lámh lena droim chun tacú léi
agus chrom sí. Ceann ar cheann, thóg sí amach plúr, siúcra
agus na gréithe cistine agus chuir ar an gcuntar iad.

***

Pop! Léigh Gráinne an fógra nua ar a scáileán: *R-phost
nua agat!* D'oscail sí é agus chonaic gur fógra eile a bhí
ann ón lucht riaracháin maidir le comhlíonadh rialachán,
cosaint sonraí, *blah blah*... Agus í ar tí an raiméis a
scriosadh, thug sí faoi deara an t-alt faoi leith:

*'Seachas an lucht feidhmiúcháin, ní bheidh cead as seo
amach ag fostaithe logáil isteach sa lár-ríomhaire ach...'*

'Cad atá ar siúl anseo?' arsa Gráinne os ard agus alltacht
uirthi. 'Conas is féidir linn ár gcuid oibre a dhéanamh
mura bhfuil bealach isteach sa chóras againn nuair is gá
dúinn an t-eolas a íoslódáil?'

'Ná déan rud mór as,' a d'fhreagair Leanóra in aice léi go
liopasta. 'Níl ann ach réamhchúram simplí. Gan amhras
beidh bealach isteach agat. Tríomsa. Ní mór an t-athrú é
sin ar an méid a bhí á dhéanamh agat roimhe sin. Nach
mbíonn orainn a iarraidh ar *IT* pasfhocal nua a thabhairt
dúinn gach seachtain ar aon chuma? Tá barraíocht

pasfhocal againn cheana féin. Ní féidir liomsa cuimhneamh orthu ar fad.'

Bhí déistin ar Ghráinne. Ní rachadh an córas seo i bhfeidhm uirthi in aon chor. Dá laghad cumarsáid a bhí aici le Leanóra, b'amhlaidh ab fhearr. 'Is cosúil nach gcuireann an scéala seo isteach ortsa in aon chor.'

'Ar ndóigh, cuireadh mise ar an eolas tamaillín ó shin. Táimse ag druidim le post bainistíochta anois. Dá bhrí sin, agus mé ar an duine is sinsearaí inár dtriantán anseo, tugann siad cead seasta domsa.'

Nuair a chonaic sí an dreach colgach ar ghnúis Ghráinne, lean sí uirthi go tapa: 'Ná ceap go bhfuil baint ag an ríomhphost seo leis an gcomhrá a bhí againn ar maidin. Is beag a mheánn an rannóg seo sa chomhlacht ar fad. Straitéis a bhí sa ríomhphost sin, cinneadh a rinneadh tamall maith ó shin. Cuireann sé na dualgais agus na riachtanais laethúla in iúl dúinn. Go bunúsach is athdheimhniú é ar an méid atá foghlamtha againn cheana maidir le cosaint sonraí agus a leithéid. Bíonn gá ag roinnt daoine leis an athrá.'

Cocaire ceart a bhí sa bhean seo, dar le Gráinne, agus thuig sí go maith gur uirthise a bhí an chuid dheireanach sin dírithe.

Bhí lasadh ina grua agus rinne sí gach iarracht guaim a choimeád uirthi féin nuair a labhair sí. 'Cheap mé go mbeadh sé de chúirtéis againn glaoch ar na daoine. Ní féidir gur sárú príobháide é sin. I ndálaí speisialta, caithfidh…'

'Cad atá á mholadh agat, a Ghráinne?' a bhris Leanóra isteach uirthi. 'Go ligfimis orainn nach bhfacamar an fiachas seo? Agus an chéad cheann eile? Agus cad a tharlaíonn ina dhiaidh sin? D'fhéadfaimis hata a chur timpeall na rannóige agus bailiúchán speisialta a dhéanamh do gach seanóir cancrach chun íoc as an ngás a ídíonn siad ar a gcupáin tae?'

Gan focal eile, d'éirigh Gráinne óna cathaoir agus shiúil amach. Níorbh eol di cá raibh sí ag dul ach theastaigh uaithi imeacht ón gcailleach mhailíseach seo. Bhrúigh sí cnaipe an ardaitheora agus chuaigh go dtí urlár na talún. Ar fhágáil an fhoirgnimh di, bhraith sí an t-aer úr lena gruanna.

Bhí an lá feannta fuar, dáiríre píre. Sheas sí sa tsráid gan uirthi ach a sciorta liath agus a geansaí corcra. Gan choinne, bhraith sí fliuchras ar a srón. Agus ansin ar a leicne agus a lámha. D'amharc sí mórthimpeall. Bhí sé ag cur sneachta! Nárbh aoibhinn an radharc é? Thit calóga bána uirthi ón spéir. Luigh siad agus iad ag glioscarnach ar a folt rí-dhubh.

Thug Gráinne sracfhéachaint ar a huaireadóir. Smaoinigh sí ar mhuintir Hilliard ar gearradh an soláthar orthu thart ar uair an chloig ó shin, níorbh fholáir. Dá mba rud é go raibh breis ama aici rabhadh a thabhairt dóibh!

Bhí sí buíoch gur ligeadh dí críochnú luath, ar a ceathair a chlog, chun deis a bheith aici dul díreach chun an aerfoirt. Dá bhrí sin, ní raibh ach briseadh an-ghairid aici don lón.

Níor cheadaigh sí di féin a fón póca a bhreith léi ar maidin. Shocraigh sí féin agus an fhoireann go ndéanfaidís aithris chomh docht agus ab fhéidir, i rith na seisiún traenála san Ostair agus san Iorua, ar na dálaí céanna agus a bheadh le fulaingt acu san Artach. Chiallaigh sé sin gur tharraing siad boinn ó sheanghluaisteáin ina ndiaidh mar chúiteamh ar an seasca cileagram sa charr sleamhnáin a bheadh le tarraingt acu san Artach. Chiallaigh sé chomh maith go raibh cosc ar fhón póca mar ní bheadh fón póca ar bith acu san Artach.

D'amharc Gráinne ar an bhfón poiblí síos an bóthar uaithi agus shiúil sí ina threo.

***

'A Aaron, tar isteach. Beidh tú reoite sa gharáiste. Bainfear tuisle asat agus an solas go dona amuigh ansin. Tar ar ais anseo. Beidh a fhios ag Eoghan cad ba chóir a dhéanamh nuair a thagann sé.'

'Ní chuirfeadh sé aon ionadh orm dá mbeadh moill ar Eoghan. Tá cuma cuibheasach ceomhar ar an aimsir i láthair na huaire.'

'Tuigim. Ach tabhair lámh chúnta dom anois breis blaincéad a fháil ón gcófra thuas staighre ar eagla nach dtagann an teas ar siúl arís.'

Ní dhearna Aaron mórán gearán. Níorbh é an easpa solais a bhí ag cur isteach air ach a chos chlé a bhí bacach le déanaí. Go mall, ar ais leis faoi sholas na cistine. D'iompaigh sé agus dhún an doras go dtí an garáiste go daingean ina dhiaidh. Chas sé an eochair go cúramach chun é a chur faoi ghlas.

Chuaigh an bheirt amach go dtí an halla agus céim mhall ar chéim mhall eile, lean Aaron Hilliard a bhean chéile suas an staighre. D'oscail Róisín an cófra sa chúinne ag ceann an staighre agus bhain amach trí bhlaincéad thanaí ón seilf íochtarach. 'Tá siad seo beagáinín caite. Is fearr dúinn na blaincéid olla ón seilf eile thuas a thógáil,' ar sí ag breathnú in airde. 'Gheobhaidh mé an dréimirín ón seomra leapa beag.'

D'fhan Aaron lena bhean chéile fad a fuair sí an dréimirín ón seomra leapa beag agus thóg amach go ceann an staighre é. Leag sí in aice an chófra é agus rug greim air. D'ardaigh Aaron é féin ar a leathchois láidir agus shín amach na lámha go dtí na blaincéid olla ar an seilf ab airde. Tharraing sé orthu agus tháinig siad leis.

Dring! Dring! a ghlaoigh an fón thíos staighre. Reoigh Aaron.

'Beidh sé álraidht,' a gheall Róisín dó. 'Tar anuas den dréimire ar dtús báire agus ansin freagróimid an fón.'

Tharraing Aaron an dá bhlaincéad agus tháinig anuas den dréimirín. Nuair a bhí sé tagtha slán, thug Róisín faoin staighre síos; an gléas ag fógairt de shíor uirthi. Díreach agus a lámh ar an bhfón, stad sé.

'Cé a bhí ann, a Róisín?' a ghlaoigh Aaron ón gcéad urlár.

'Níl a fhios agam. Seans gur Eoghan a bhí ann. Beidh a fhios aige gur chóir dó triail eile a bhaint as ar ball. Ní

mór dúinn na blaincéid a bhaint den leaba chomh maith
agus cuirfimid gach rud ar an tolg sa seomra suí.'

***

Shuigh Gráinne ina cathaoir sclóine an athuair. Níor
thuig sí cén fáth nár fhreagair siad an fón. D'fhreagróidís
an fón an tráth seo den lá dá mbeidís istigh. Díreach é!
Chaith sé nach raibh siad sa teach. B'fhéidir go raibh siad
i dteannta ball teaghlaigh don deireadh seachtaine. Sa
chás sin, ní raibh aon chúis bhuartha aici. Lig sí osna
faoisimh. Chuirfeadh sí a dtuairisc ar an Luan. I gceann
uair an chloig eile bheadh sí ar a slí go dtí an t-aerfort.

'Bhain tú tairbhe as an moladh a rinne mé,' arsa Leanóra.

'Cad é sin?' a d'fhiafraigh Gráinne.

'An *latte*. Tá cuma níos fearr ort anois. Is breá an
faoiseamh é *latte* mín.'

***

'A Aaron?'

'Sea, a Róisín?'

'Tá sé féithuar anseo agus táim chomh tuirseach sin.'

'Mar a chéile agamsa. Teannaimis isteach le chéile chomh mór agus is féidir agus beimid ceart.' Dhruid an tseanlánúin le chéile níos cóngaraí fós agus tharraing na blaincéid timpeall orthu. Chuir Aaron lámh a mhná céile lena ucht.

'Meas tú an mbeidh Eoghan anseo go luath?' a dúirt sí de chogar i gcluas a fir chéile agus piachán ina glór.

'Sea, is dóigh liom go mbeidh. Is dócha gur cuireadh moill ar an eitilt de bharr na drochaimsire. Rachaimid a chodladh agus dúiseoidh sé sinn nuair a fhilleann sé.'

***

'Deireadh seachtaine an éadóchais ab ea é,' a dúirt Leanóra d'éagaoin ar chasadh isteach sa cubhachail dí. 'Conas a bhí sé san Ostair, a Ghráinne?'

'Ní dheachaigh mé ann,' a d'fhreagair Gráinne go ciúin. Thug Leanóra faoi deara na súile ata agus a grua dearg le teann goil.

'A Thiarcais, a Ghráinne. Tá cuma mhillteanach ort. An bhfuil tú ar fónamh?' Sheas sí siar le heagla frídíní.

'Níor éirigh leis an eitilt éirí den talamh oíche Dé hAoine. Níorbh fhiú dom imeacht ar an Satharn. Thug mé cuairt ar mhuintir Hilliard ina ionad sin.

'A Ghráinne, níor chóir ...'

'An garmhac a d'oscail an doras.' Stán Gráinne ar an bhfolús roimpi. Bhí cuma imigéiniúil ar na súile gorma aici. D'fhan Leanóra ina tost agus chas Gráinne ina treo. 'D'éag a sheantuistí, muintir Hilliard, oíche Dé hAoine. Hipiteirme ba chúis leis, a deirtear. Sin agat an bille um chosaint sonraí.'

Dátheangach

Bhí Cathal ina shuí i gcathaoir uilleann sa seomra feithimh, Niall óg ar a ghogaide lena chosa. Bhí Niall timpeallaithe ag an raidhse iontach bréagán a bhí leagtha amach do leanaí. Ós rud é nach raibh aon pháiste eile ann i láthair na huaire, cheap Niall é féin mar cheannaire ar an tanc mór glas, an tarracóir gorm agus an *Lego* ar fad.

Bhuail Cathal a bhos go héadrom ar a ucht. Bhí daigh chroí air le dhá lá anuas; ón am a rinne sé an coinne leis an mbanaltra ar an Máirt. Ní dúirt sé dada le Niall go dtí an mhaidin sin nuair a bhí sé á ghléasadh. Mhínigh sé dá mhac go mbeidís ag dul go dtí an dochtúir le chéile, agus go bhfaighidís lón breá ina dhiaidh sin i *diner* deas i lár na cathrach. Leath na súile ar Niall. Ar sé: 'Ach a Dhaid, cad atá ort?' Mar bhí sé le tuiscint nárbh é féin a bhí breoite.

Dochtúir speisialta ba ea an dochtúir áirithe seo. Síciatraí ba ea í. Ní dhéanfadh sí an teocht a thástáil, ná a scornach a iniúchadh ná ní éisteodh sí le buille a chroí leis an uirlis dhraíochta darbh ainm an steiteascóp. Ina áit sin, labhródh sí le Niall agus le Cathal faoi chúrsaí ó chaill siad Tríona, leasmháthair Niall agus céile Chathail.

B'in go díreach a bhí tarlaithe; bhí Tríona caillte acu. Ocht seachtainí is an Satharn seo caite, d'fhógair sí go raibh sí ag dul amach ar shiúlóid fhada. Dúirt sí go raibh 'spás' uaithi, chun machnamh a dhéanamh. Páiste ríghníomhach ba ea Niall agus bhí sí traochta i ndiaidh cúraimí an tí agus na hiarrachtaí go léir a rinne sí sa phost gnóthach a bhí aici. Bhí Cathal ag breathnú ar an gcluiche beo. Sméid sé uirthi. Bhí sé sásta aire a thabhairt do Niall don tráthnóna. Lean Niall air ag súgradh leis na saighdiúirí beaga a fuair sé aimsir na Nollag.

Thit dorchadas na hoíche luath go leor an t-am sin den bhliain agus tháinig imní ar Chathal nuair nach raibh Tríona ar ais faoin am a thosaigh an nuacht teilifíse ar a sé. Chaith sé súil ar an bhfón póca a bhí fágtha aici ar an mbord sa halla. Ba thrua nár thug sí léi é.

D'ullmhaigh sé ceapairí *nutella* agus crúsca bainne do Niall agus chuir sé sa leaba é ar a hocht. Léigh sé scéal dó, i nguth leadránach, faoi fhear dóiteáin cróga agus ansin mhúch sé na soilse, cé go raibh an buachaill ina lándúiseacht go fóill. Tháinig scaoll air nuair nach raibh Tríona sa bhaile faoin am a thosaigh an nuacht ar a naoi.

Chuir Cathal fios ar na Gardaí. Ní raibh fonn orthu aon rud a dhéanamh faoin scéal. Nár thuig siad go raibh éigeandáil ann? Nuair a tháinig grúpa fóiréinseach ar an Luan, ransaigh siad an ceantar ag lorg rian éadaigh nó fianaise éigin gur ghabh Tríona an bealach sin. Bhí an teach ina chíor thuathail agus iad ag lorg leideanna ansin freisin. Bhí Cathal ar buile mar gheall air; cur amú ama a bhí ann fiosrú a dhéanamh sa teach. D'ordaigh sé dóibh dul amach agus obair le dealramh a dhéanamh. Chaith siad súil aisteach ar Chathal. Níorbh eisean captaen na foirne.

'Inis dúinn cad a tharla do do chéad bhean chéile, máthair Néill,' a d'fhiafraigh an bleachtaire de go hamhrasach. Ach ní raibh aon amhras ná gur tinneas a bhuail í de thaisme. Bhí a fhios sin ag cách idir chlann agus chomharsana. Agus bhí na cáipéisí aige, in áit éigin.

Chuir Cathal guaim air féin ina dhiaidh sin, gan a bheith ag tarraingt trioblóide air féin. Fuair sé oideas dochtúra. Nuair a thit a chodladh air, chonaic sé íomhánna de Thríona. Shín sí amach a lámh chuige ach bhí sé rófhada uaithi chun greim ceart a bhreith uirthi. Thosaigh sí ag titim, titim, titim agus an dorchadas á clúdach. D'athraigh an íomhá. Rinneadh ionsaí uirthi sa pháirc in aice láimhe ach bhí pócaí a seaicéid caol, folamh. Bean a bhí inti agus ba leor sin d'ionsaitheoir ar bith. Dhúisigh Cathal, é báite in allas.

Ní raibh an cumas ann freastal ar an obair. Bhí eagla air Niall a sheoladh chun na scoile. Ní raibh sé ach i rang na naíonán. Chuir sé scéala chuig ionad oibre Thríona, ar ndóigh. Ní raibh aithne rómhaith aige ar an dream úd. B'éigean do Thríona taisteal go minic ar son na hoibre, go dtí an Eoraip den chuid ba mhó. D'fhág sé teachtaireacht acu. Dúirt an fáilteoir leis go raibh siad ag smaoineamh orthu. Ní raibh siad i dteagmháil leis arís. Tháinig máthair Chathail chun cuidiú leis aire a thabhairt do Niall agus caoi a chur ar an teach a bhí imithe ó rath.

De réir mar a chuaigh an t-am thart, bhog na tuairisceoirí ar aghaidh agus d'éirigh na Gardaí as na hiarrachtaí. Saothar in aisce a bheadh in aon chuardach breise, dar leo. Bhí liosta fada cásanna ní ba phráinní acu. B'fhearr glacadh leis go raibh Tríona caillte. Mhol siad do Chathal sainchomhairle a lorg dó féin agus do Niall; bhí comhairleoirí saor in aisce ar fáil dá mba mhaith leis é, ach bhí na hamanna chun coinne a dhéanamh leo teoranta.

Nuair a d'imigh a mháthair chun Niall a chur ar scoil, shuigh Cathal ina aonar ar an leaba dhúbailte. Chuir sé a lámha trína fholt amscaí. Bhí sé éirithe maol agus bán roimh am. Tharraing sé na lámha ar a aghaidh agus thit deora móra goirt isteach iontu. Ba é an rud ba mheasa nach raibh aon searmanas sochraide acu di. Níor mhaith leis é a eagrú go dtí go mbeadh an fhianaise feicthe aige go raibh gá le sochraid. Níor theastaigh uaidh aon rud a eagrú, lánstad!

Shuigh Cathal agus Niall le hais a chéile ar tholg corcairghorm leathair os comhair an tsíciatraí. Bean ard a bhí inti agus gruaig fhada dhorcha uirthi. Bhí sí pas beag róthanaí, dar le Cathal. Chaith sí gúna fada corcra agus cnaipí chun tosaigh air, agus bhí crios bán fáiscthe thart ar a com. Ba léir gur thaitin an dath corcra léi. Bhí fráma a spéaclaí corcra, fiú.

D'inis Cathal di go raibh siad díreach tar éis filleadh abhaile ó Oileán Mallarca sa Spáinn, áit ar bhuail sé le Tríona den chéad uair. Bhí sí ag obair mar threoraí turasóireachta ag an am. Mheas Cathal go mbeadh an dúshlán iomarcach dó dul ann agus an áit a fheiceáil an athuair ach bhí forbairt tagtha ar an gceantar ón uair dheireanach agus bhí cuma dhifriúil air.

Bhain Cathal agus Niall tairbhe as an saoire. Bhí sé geal gach lá agus ní raibh an aimsir róbhrothallach go fóill.

D'fhan siad gar don árasán mórchuid den am agus chuaigh siad sa linn go fánach. D'iarr an síciatraí, Cora ab ainm di, ar Niall a insint di cad é a chonaic sé ar an teilifís sa Spáinn.

'Tríona. Chonaic mé Tríona, mo leasmháthair, ar an teilifís,' arsa Niall go simplí. Ní raibh aon athrú aigne air ó d'fhág siad an Spáinn.

'Bhí mise faoin gcith ag an am,' a mhínigh Cathal go ciúin. 'Bhí mír éigin nuachta ar siúl agus is dóigh liom go raibh duine ann a bhí ar aon chosúlacht le Tríona. Tá…, bhí, saintréithe dorcha go leor aici: dath na gréine ar a craiceann agus súile donna. Ach ní fhéadfadh sé gur Tríona a bhí ann.'

'Ba ise a bhí ann!' a dhearbhaigh Niall. Ba léir óna aghaidh bheag dhearg go raibh fearg air. Thuig sé cad a bhí feicthe aige agus ní thiocfadh le duine ar bith a mhalairt a rá.

Rinne Cora aoibh chairdiúil leis. 'Ar thuig tú cad a bhí ar siúl sa mhír?' a d'fhiafraigh sí de. 'Cad a bhí ar siúl ag Tríona?'

Cheap Niall a shuaimhneas. Ar a laghad, chreid an

dochtúir é, cé nár chreid a athair féin é. 'Thaispeáin siad grianghraf di. Thug siad Caitríona uirthi, seachas Tríona, mar a thugamarna uirthi i gcónaí. Ansin bhí cúpla duine faoi agallamh, fad a choimeád siad an fótagraf i gcúinne amháin den scáiléan. Bhí daoine ag geonaíl agus sin an méid.'

D'fhéach Cathal go brónach ar a mhac, ar na súile gorma faoi na duala donna. Buachaill álainn cliste ba ea Niall, é an-fhásta suas dá aois. Tar éis dó na tubaistí seo a fhulaingt ina shaol gairid go dtí seo, bhí sé ag titim isteach i saol na fantaisíochta. Saol ina raibh máthair fós beo aige. Bhí sé ró-óg chun aon chuimhne cheart a bheith aige ar a mháthair nádúrtha. Bhí aird gach duine ar chás Thríona ach ba chosúil anois go raibh Niall ag iarraidh aird a tharraingt air féin. Bhí Cathal ag súil go bhféadfaí an buachaill óg a leigheas.

***

Phós Fernando agus Caitrin naoi mbliana roimhe sin. Bhí saol breá folláin acu sa Mheánmhuir. D'oir teas na gréine do Chaitrin. Bhí sí an-cheanúil ar bhia na mara. Thit sí isteach go réidh le muintir na háite mar gheall ar an gcuma Spáinneach a bhí uirthi. Níorbh fhada go raibh an teanga áitiúil ar a toil aici agus bunús maith aici sa teanga náisiúnta ó a bhí sí ar scoil. D'éirigh léi post a fháil i ngníomhaireacht seoltóireachta mar bhí an-éileamh ar spórt sa cheantar. D'oibrigh sí mar threoraí turasóireachta i rith an tsamhraidh aoibhinn sin.

Le blianta beaga, bhí sí ag filleadh ar a tír dhúchais ní ba mhinicí ná mar a bhíodh nuair a rugadh na buachaillí Cristo, Antonio agus Marco. Faoin am a bhí an té ab óige ag freastal ar an scoil, bhí post nua faighte aici a thug cead di taisteal idir an dá láthair. B'annamh a chonaic na buachaillí a máthair agus í gníomhach sa phost seo, mála taistil i gcónaí ina glac aici. Ach thuig Fernando gurbh fhiú an tairbhe an trioblóid; bhí an tuarastal níos fearr ná an coimisiún a bhí ar fáil san ionad seoltóireachta. Bhí ciste á chnuasach ag Fernando agus Caitrin ionas go mbeadh go leor airgid acu d'oideachas na mbuachaillí. Dá roghnóidís ceann de na príomhinstitiúidí sna cathracha móra - Maidrid nó Barcelona - bheadh lab mór airgid ag teastáil chun na costais lóistín agus taistil a ghlanadh. Ní raibh gach tuismitheoir ar an intinn chéanna, mar chreid siad uile go mbeadh deiseanna gnó ar na hoileáin amach anseo agus muintir thuaisceart na hEorpa de shíor ar thóir na gréine agus farraigí pléisiúrtha na Meánmhara. An fharraige chéanna a ghoid ó Fernando, Cristo, Antonio agus Marco a gCaitrin dhílis.

Roimh Cháisc, bhí cead scoir faighte ag Caitrin ón obair. Sa chaoi sin, bhí an deis acu tuilleadh ama a chaitheamh le chéile mar aonad clainne, rud nach ndearna siad le fada.

Níorbh fhada gur éirigh Caitrin corrthónach agus níorbh fhada go raibh an saol sona ina lánstad. Nuair a rinne Fernando iarracht a bheith grámhar léi, dhiúltaigh sí dó glan amach. Bhí sí cantalach leis de bharr an ólacháin ar fad a bhí á dhéanamh aige. An raibh sé ag ithe, nó sa chás seo, ag ól an airgid ar fad a bhí á shábháil acu do na buachaillí? Bhí boladh an alcóil uaidh agus bolg mór air.

Ach bhí braoinín á chaitheamh aige anseo is ansiúd le fada, cé nár thug sise faoi deara é nuair a bhí sí gafa leis an taisteal soir siar. B'éigean dó sásamh éigin a bhaint as an saol. Nach raibh an sásamh gann mar a bhí?

Ní fhaca Caitrin ach na fadhbanna a bhain leis na buachaillí, seachas na buanna a aimsiú agus a mholadh. Dúirt sí go raibh siad rógharbh nó rómhall, drochbhéasach nó ciotach. Ach cén treoir a tugadh dóibh, agus a máthair in easnamh leath an ama?

Agus iad ag socrú síos as an nua, rinne siad uile a ndícheall a thuiscint gur rud nádúrtha a bhí sna

heasaontais bheaga seo a tharlaíodh. Nuair a bhris a ghol
ar Mharco beag a bhraith a mháthair uaidh na laethanta
fada sin gan í, d'admhaigh Caitrin go raibh sí thar a
bheith tuirseach. Gheall sí go ndéanfadh sí iarracht níos
fearr dul i dtaithí arís ar an saol mar a bhíodh, go
gcuirfeadh sí feabhas ar na nithe a bhí ligthe chun fáin.

Bhí tuiscint mhaith ag Caitrin ar na taoidí, agus ar
threonna na gaoithe timpeall uirthi. Ar ndóigh, níorbh
ionann tonnta na Meánmhara agus suaitheadh an
Atlantaigh. Fós féin, chailltí daoine, turasóirí fánacha den
chuid is mó.

Ainneoin é bheith contúirteach, chuaigh sí amach an lá
sin. Níor tháinig sí ar ais. D'aimsigh siad an t-árthach,
gan aon rian de Chaitrin ann. Cuireadh tumadóirí síos
chun cuardach a dhéanamh faoi uisce. Dada. Dada go dtí
go bhfuair Fernando teachtaireacht ó strainséir á insint dó
go raibh daoine ó bhaile dúchais Chaitrin ag iarraidh dul
i dteagmháil leis. Bhí scéala acu faoi Chaitrin.

***

Tar éis di breathnú ar a cuid ríomhphoist, léigh Cáit na
míreanna nuachta. Ar deireadh tháinig an fógra a raibh sí
ag faire amach dó le roinnt mhaith seachtainí anuas: bhí

searmanas sochraide Chaitrin-Tríona Uí Chonaill-Guttierez ar siúl maidin inné i gCo. Bhaile Átha Cliath. Cailleadh san fharraige í, de réir na tuairisce. Tháinig an dá chlann le chéile chun freastal air.

Ba chosúil go raibh an mhistéir réitithe acu ar oileán liathghlas na hÉireann. Mhúch Cáit an ríomhaire, bhain amach an phlocóid agus chuaigh síos staighre go Zoe a bhí ina luí ar an tolg os comhair na teilifíse.

Shuigh sí isteach in aice léi agus chuir lámh ar a bolg. 'Bhí sí ag ciceáil anois díreach, ach stadann sí chomh luath is a leagtar lámh uirthi!' a gháir Zoe. D'amharc sí ar aghaidh Cháit. Thug sí faoi deara go raibh cuma mhílítheach uirthi. 'Spíonta?'

'Dhera, nílim ró-olc,' a d'fhreagair Cáit go réidh. 'Taitníonn an ghníomhaireacht liom. Táim ag dul i dtaithí go fóill ar a bheith in ann *Alcatraz* a fheiceáil ó fhuinneog m'oifige!' Rinne sí meangadh séimh. 'Cad fútsa? An bhfuil tusa traochta amach is amach?'

Tuisceanach. B'in Cáit amach is amach. Bhíodh sí ag fiafraí de shíor conas a bhí ag Zoe féin. Sheol sí meangadh ar ais chuici agus phóg a leiceann. 'Pas beag righin, ach ag sracadh liom. Bhíos ag machnamh arís ar ainmneacha agus tháinig mé trasna ar Erin. Mheasas go gcuirfeadh sé do thír féin i gcuimhne duit, agus tú i bhfad i gcéin.'

'Is aoibhinn liom Erin mar ainm ar ár naíonán. Cailín a bhí uaim riamh.'

Gan Luach

'An staonann tú ón ól?'

'Staonaim.'

Bhrúigh an ógbhean an cnaipe cuí ar an méarchlár. Chas sí ar ais i treo Bhriain agus dúirt: 'Maith go leor, a Uasail Uí Chearbhaill. Níl orainn anois ach fanacht ar an gcóras go dtabharfaidh sé freagra dúinn.'

Nocht sí a fiacla lonracha bána mar a múineadh di i rith an chúrsa traenála. Thug Brian an meangadh neamhghnách faoi deara. Rith sé leis go mb'fhéidir go raibh teachtaireacht di ar an scáileán a chuir i gcuimhne di aoibh a dhéanamh leis an gcustaiméir. Dhírigh sí a haghaidh ar an monatóir arís. Ba chosúil go raibh an leathanach roimpi ag preabadh.

Fad a bhí Brian ag feitheamh go foighneach uirthi, thosaigh sé ag breathnú ar an mballa taobh thiar di. Istigh i mbosca gloine, bhí póstaer ann. Bhí solas ag lonrú os a chionn chun béim a chur ar an bhfógra. *Bígí Sona! Bígí*

Slán! a léigh sé. In aice na bhfocal, bhí íomhá de thuismitheoir ag ceangal chrios tarrthála naíonáin. Bhreathnaigh sé éifeachtach, dar le Brian. Bhí dhá phóstaer eile taobh leis an gceann seo agus mana an chomhlachta orthu.

Dhírigh Brian a shúile ar ainm na hógmhná. Bhí sé scríofa ar chlár a bhí seasta ar an mbord. Nicola ab ainm di.

'Tá brón orm, a Uasail Uí Chearbhaill,' arsa Nicola go tobann. 'Is oth liom a rá nach féidir linn tú a chur faoi árachas.'

Bhí iontas ar Bhrian. 'Cén fáth nach féidir? Táim tríocha trí bliana d'aois, aon bhliain déag ag tiomáint, ceadúnas gan locht agam. Nach mise an saghas custaiméara a thaitníonn libh?'

Baineadh stad as Nicola. Chroch sí ribe fionn gruaige a thit óna crogallfháiscín ar ais taobh thiar dá cluas. Ba léir go raibh deacracht aici leanúint uirthi: 'Tá brón orm, a dhuine uasail, ach ...' Chrom sí chun tosaigh agus labhair sí chomh híseal sin le Brian gur ar éigean a chuala sé í, 'tá sé i gcoinne polasaí an chomhlachta seo aon duine le ciontú de bharr tiomáint faoi thionchar alcóil a chur faoi árachas.'

Thit Brian siar ina chathaoir agus gháir sé os ard. 'Táimid i gceart ar fad mar sin. Geallaim duit nach bhfuil a leithéid de chiontú agamsa.' Faoi mar a bheadh sé i gcomhcheilg léi, dúirt sé léi de chogar: 'Ní bheidh aon trioblóid ann má luann tú praghas liom.'

D'fhair sé í agus é ag feitheamh le freagra. Chuir sí roic ina héadan ach de réir a chéile, mhaolaigh na línte ina smideadh agus tháinig aoibh ar a haghaidh arís. Thosaigh sí ag clóscríobh an athuair ar an ríomhaire. 'Is féidir liom do theach a chur faoi árachas,' ar sí.

Shín Brian amach a lámh. 'Árachas ar an ngluaisteán amháin atá uaim. Sin an méid. Seo é an chéad uair dom teacht isteach go Rogha Árachais. Táim ag obair le Cócaireocaire ó d'fhág mé an coláiste agus bhí árachas agam leis an gcomhlacht ó shin i leith. Nach féidir leat breathnú arís le do thoil? Seans go bhfuil breis is Brian Ó Cearbhaill amháin agat. Is ainm coitianta go leor é.'

'Cinnte, a Uasail Uí Chearbhaill.' Dhearbhaigh sí na sonraí. 'Ó, tá sé ag obair anois!' Bingó! Bhí a fhios ag Brian go raibh an ceart aige. 'Níl aon fhadhb le do pholasaí féin,' a lean Nicola, 'mar is ag do bhean chéile a bhí an ciontú.'

Baineadh siar as Brian. Chuir an méid seo alltacht air ach seans gur botún eile a bhí sa chóras. 'Mo bhean chéile? An bhfuil tú cinnte?'

'Sea, Fióna Ní Riagáin is ainm di, nach ea?' Bhí an chuma ar Nicola gur bhain sí saghas taitnimh as an bhfionnachtain. An ag fonóid faoi a bhí sí?

'Sea, is í sin mo bhean chéile. Fióna Uí Chearbhaill is ainm di anois. Táimid pósta le hocht mbliana anuas.'

'Agus bhí sibh beirt in bhur gcónaí ag 48, Bóthar Chúl na Gréine naoi mbliana ó shin? Is ag an am sin a ciontaíodh í.'

Bhí sé seo áiféiseach, a mheas Brian. Níor ól Fióna mórán. Bhuel, bhíodh deoch amháin aici ag ócáid spéisialta – um Nollaig nó ag céiliúradh breithlae. Ach bheadh sé de chiall aici gan dul amach ag tiomáint agus í os cionn na teorann. Bhí aithne aige ar Fhíona le haon bhlian déag anuas, ón am ar thosaigh sé ag obair le Cócaireocaire. Thosaigh sise ag obair sa chomhlacht céanna trí bliana roimhe sin. Tháinig sí díreach ón meánscoil.

Sheas Brian. 'Lig domsa é sin a fheiceáil.' Chas sé an scáileán chuige agus bhreathnaigh. I litreacha móra bána ar chúlra gorm, léigh sé na focail: Fióna Treasa Ní

Riagáin, 48, Bóthar Chúl na Gréine, TIOMÁINT FAOI THIONCHAR ALCÓIL...

D'aistrigh siad go dtí an teach sin tamaillín gairid sular phós siad. B'fhearr leo an áit a cheannach in áit airgead a chur amú ar chíos. Ainneoin an cinneadh sin a rinne siad le chéile, ba chosúil go raibh a bhean ag cur a gcuid airgid amú ar an ólachán.

Cén t-achar ama a bhí sí ag cur dallamullóg air? Bhí míchlú ar alcólaigh de bharr a gcuid slíbhínteachta. Rith sé leis anois gurbh í Fióna a dúirt gurbh fhearr dóibh oibriú i gcomhlachtaí éagsúla. Ar chuidigh sé sin léi éalú uaidh?

D'éirigh go maith le Brian faoi stiúir Chócaireocaire. Bainisteoir ba ea é anois sa rannóg margaíochta. Ghnóthaigh Fióna dioplóma sa bhainistíocht agus chuaigh sí ag obair le grúpa óstán mór le rá. Sa rannóg cheannachán a bhí sí. Chuimhnigh Brian nach raibh aon amhras ná go raibh sí ag smuigleáil roinnt buidéal alcóil anseo is ansiúd.

Chuala sé guth ag caint leis. Nicola a bhí ann. 'Cé nach custaiméir linn a thuilleadh í, is féidir leat achoimre de shonraí do mhná céile a fháil ar tháille ainmniúil'.

Theann Brian a fhiacla ar a chéile. Gan oiread is focal eile, d'fhág sé an foirgneamh agus chuaigh abhaile chun aghaidh a thabhairt ar a bhean.

***

Bhí Fióna sa chistin ag feitheamh le Brian. Bhí cuairt tugtha aici ar an ngruagaire níos túisce agus thit a duala donna go nádúrtha anuas lena gualainn. Bhí gúna veilbhite ar dhath an fhíona á chaitheamh aici agus cairdeagan ar dhath uachtair aici anuas air sin. Bhainfeadh sí lán súl as fear ar bith.

Shín sí amach a lámha agus rug barróg ar a fear céile nuair a d'fhill sé. Thug sí póg speisialta dó. Ach, bhí a chorp righin. Mheas seisean go ndeachaigh sí thar fóir leis an bhfeisteas seo a bhí á chaitheamh aici inniu, tráthnóna Dé Luain. Agus níor bhraith sé aon bholadh dinnéir ag teacht ón oigheann. Chonaic sé dhá fhliúit seaimpéin ar an mbord agus buidéal oscailte in aice leo. Bhí bosca seacláidí ina dteannta.

'Ag céiliúradh?' ar sé go borb.

Rinne Fióna neamhshuim dá cholg agus d'fháisc sí lámh a fir chéile ina lámh féin. Mheas sí go raibh drochlá aige san oifig. 'Sea, tá scéala agam duit. Bíodh deoch agat i mo theannta agus tiocfaidh aoibh mhaith ort!'

Chuir Brian a lámha ina phócaí. D'fhéach sé go géar uirthi. 'Agus sinn ag tagairt do dheoch, an bhfuil sé ar intinn agat tiomáint arís faoi thionchar alcóil?'

'Cad…cad é?' Tháinig laige ar ghuth Fhióna.

'Chuala tú i gceart mé. Aon bhliain déag, a Fhióna. Tá aithne againn ar a chéile le haon bhliain déag anuas. Agus inniu, deir strainséir liom go bhfuil ciontú agat de bharr tiomáint faoi thionchar alcóil. Cad eile atá á cheilt agat?'

Tháinig poncanna beaga os comhair na súl ag Fióna. Ní fhéadfadh sí aon ní a fheiceáil os a comhair amach. D'éirigh sí fuar. Thosaigh sí ag cur allais. Thóg sí céim ar gcúl agus shuigh siar i gcathaoir i lár na cistine. D'ardaigh sí a ceann agus í ag iarraidh a haghaidh a dhíriú ar Bhrian. Bhí sé ag fanacht le míniú, a shúile fuara ag stánadh uirthi.

Cá raibh an lámh a bhíodh i gcónaí ar a caolghualainn. Bhreathnaigh sí ar a méara fíneálta. Bhí siad mílítheach lag. 'Inniu... cén fáth ar chaith tú teacht air sin inniu, thar aon lá eile?'

'Is cuma cén lá é, a Fhióna. Inis dom cén fáth go ndearna tú é? Níor choinnigh mise aon rud uaitse riamh. Cén bhréagadóireacht eile atá ar siúl agat? Ná lig ort nach bhfuil a fhios agat cad dó a bhfuilim ag tagairt.'

Tháinig mearbhall ar Fhióna. Tháinig na cuimhní, na mothúcháin, an phian ar ais ina dtuilte. D'impigh sí air lena súile truacánta. Bhris a gol uirthi. Conas a d'fhéadfadh sí gach rud a mhíniú. 'Ní thuigeann tú i gceart é, a Bhriain, deich mbliana ó shin...'

'Naoi mbliana ó shin a bhí sé, a Fhióna,' á ceartú. 'Bhí aithne mhaith againn ar a chéile ag an am. Inis dom, cá gcuireann tú na buidéil? An t-óstán? An bothán? An leithreas?' Thug sé coiscéim chun tosaigh, a shúile, a chorp ag bagairt uirthi.

'A Bhriain, le do thoil,' a chaoin sí. Bhraith sí an-lag. Theastaigh uaithi luí síos. Chrom sí a ceann agus chuir sí idir na glúine é.

'Sin é a bhíonn ar bun agat sa phost sin,' arsa a ghuth ar nós toirní. 'Ceannaíonn tú alcól. Agus faigheann tú cúpla ceann saor in aisce duit féin.'

Bhí fonn uirthi a rá de bhéic gurbh ise an bainisteoir

ceannachán san óstán. Gan amhras ba chuid den jab é alcól a cheannach. D'éirigh léi a rá: 'Tá grá mór agam duit, a Bhriain, ní ghortóinn go deo tú.'

'Bréagadóir!' a scréach sé. Bhuail sé a gualainn chlé lena lámh dheas. Leag sé í ar an urlár. Níor thug sé aon chuidiú di éirí. D'imigh sé amach as an teach.

***

'Tá brón orm, a dhuine uasail,' a chuala Brian den tríú huair an lá sin. 'Níl cead agat dul isteach san obrádlann.'

'Táim ag lorg mo mhná céile,' arsa Brian go himníoch.

'Agus is tusa an tUasal...?'

'Brian Ó Cearbhaill. Fuaireas glaoch ó dhuine de na dochtúirí. Tá mo bhean anseo. Bhí tionóisc bhóthair aici.'

'Á, sea, a Uasail Uí Chearbhaill. Tá áthas orainn go bhfuil tú anseo. Fuair an Bhanaltra Uí Néill do chuid sonraí ó cháipéisí do mhná. Tá sí san obrádlann anois. Ar mhiste leat suí sa seomra feithimh.' D'iompaigh an dochtúir a droim, ach de gheit, rug Brian ar lámh léi.

'Más é do thoil é,' a d'impigh sé uirthi. 'An mbeidh sí ceart go leor?' Lig an dochtúir osna thruamhéalach. D'aithin sé go raibh sí ag iarraidh taobhú leis, rud nach ndearna seisean cúpla uair an chloig roimhe sin sa chistin sa bhaile. Bhraith sé an-chiontach tar éis an créatúr aoibhinn a bhualadh.

'Táimid ag déanamh ár ndíchill. Cuirfimid scéala chugat láithreach má thagann athrú uirthi.'

Ní raibh an dara suí sa bhuaile aige. Shiúil sé síos suas an pasáiste ón meaisín díola go dtí an bosca bruscair. Ní raibh a fhios aige ar chóir dó fios a chur ar dhuine éigin. Máthair Fhióna. A mháthair féin. Ach níorbh fhiú aon rud a dhéanamh go dtí go bhfaigheadh sé scéala ó na dochtúirí.

D'fhill dochtúir an chóta bháin. Stiúraigh sí Brian tríd an dorchla agus stad siad lasmuigh de bharda. Gnáthbharda a bhí ann agus ní ceann speisialta. Thug sé sin faoiseamh dó. Sula ndeachaigh siad isteach, labhair an bhean le Brian.

'Tá an Dr Mac Cearáin léi anois. Cuirfidh sé cúpla ceist uirthi chun a chinntiú go dtuigeann sí cad atá ag tarlú. Baineadh an-gheit aisti. Seans nach n-aithneoidh sí tú.

Glac breá réidh é agus ná bí glórach.' Chroith Brian a chloigeann. Ní raibh deireadh ráite aici. Bhí a fhios aige go raibh sí chun tagairt a dhéanamh d'fhadhb ólacháin Fhióna. D'aithneoidís siúd láithreach duine a bhí ina andúileach.

'A Uasail Uí Chearbhaill,' ar sí. 'Bhí ardléibhéal alcóil i bhfuil do mhná céile nuair a chuaigh sí amach ag tiomáint.'

Thosaigh Brian ag cur allais. Rith sé leis go mb'fhéidir go raibh cúrsaí níos measa ná mar a cheap sé, go raibh máchaill scáfar ar chorp álainn a mhná céile. Ba chóir dó cuidiú léi an fhadhb a shárú in ionad droim láimhe a thabhairt di. 'Tá fadhb ólacháin ag Fióna,' ar sé ag stadaireacht. 'Tá sé seo ar siúl le tamall fada i ngan fhios dom.'

Thug an dochtúir sracfhéachaint ait air. 'Fadhb alcóil? Ní dóigh liom é. Seachas gearradh beag anseo is ansiúd chomh maith le murnán clé leonta, tá corp do mhná céile an-fholláin. Níl aon fhadhb leis an ae ná na duáin mar a bheadh i gcorp alcólaigh. Téigh isteach anois mar beidh oraibh labhairt leis an Dr Mac Cearáin. Tá cúpla rud aige le plé libh.'

Bhí gach rud bunoscionn in aigne Bhriain. Cén fáth a raibh air feitheamh léi dá mba rud é nach raibh ach murnán leonta uirthi? Cén fáth a raibh sí san obrádlann mura raibh ach gearradh anseo is ansiúd uirthi?

Chuaigh sé isteach sa bharda. Bhí Fióna ina luí ar an leaba, a súile dúnta, agus an Dr Mac Cearáin ina sheasamh taobh léi ag breacadh nótaí ar chlár. Ní fhaca Brian a bhean chéile chomh leochaileach riamh. Bhí bindealán ar chlár a héadain agus ar a gualainn, áit ar bhuail sé í. An raibh na braillíní ag ceilt dochair níos tromchúisí fós?

'Inis dom cad é an rud deireanach a rinne tú, a Bhean Uí Chearbhaill,' a d'fhiafraigh an Dr Mac Cearáin di.

***

Nuair a tháinig Fióna chuici féin ar urlár na cistine, bhí Brian imithe. Chonaic sí an buidéal seaimpéin ar an mbord. Beidh céiliúradh i m'aonar agam mar sin, a shocraigh sí go maothchroíoch. D'ól sí gloine ámhain ach níor bhain sí sásamh as. Bhraith na boilgíní ait ar a teanga. Chuaigh sí chun an chaibinéid. Bhí sé lán. Níor ól Brian ná í féin mórán. Líon sí an ghloine le branda. Chuir an blas strainc uirthi.

Thosaigh sí ag smaoineamh ar an méid a dúirt Brian. Go bhfuair sí rudaí saor in aisce ón óstán. Ba mhinic a ghlac sí le bronntanais ach formhór an ama, ní raibh ann ach cumhrán, páipéarachas agus a leithéid. Cinnte, fuair sí buidéal fíona ó am go chéile ach dháil sí na buidéil ar a comhoibrithe agus ar a cairde. D'úsáid sí sa chócaireacht sa bhaile iad fiú!

Líon Fióna gloine eile. Bhí an phian ina gualainn ag maolú. Níor chóir di mórán eile a ól. Ní raibh taithí aici ar an ól agus b'fhurasta don mheisce greim a fháil uirthi.

Cén fáth ar éirigh Brian chomh feargach? Cá raibh sé anois? Tháinig imní uirthi. Ní raibh an deis aici an scéala a insint dó. Ní raibh a fhios aige go fóill. Chuir sí uirthi a cóta breá fionnaidh. Bhain sí eochracha a gluaisteáin ón seastán.

***

Bhí Brian ina sheasamh in aice na leapa. Chrom sé os a cionn agus thug póg di. 'Cad é an scéala a bhí agat le hinsint dom?'

Bhraith Fióna croíúlacht ina anáil ar a clár éadan. D'oscail sí a súile. 'A Bhriain!' Shil deora móra bróin lena leiceann mílítheach. 'Tá brón orm.' Shíl Brian go raibh gach duine ag rá leis inniu go raibh brón orthu nuair ba eisean an duine ciontach. Ansin dúirt Fióna: 'Chaill mé an leanbh!'

An raibh sí ag rámhaille? Baineadh geit aisti, mar a dúirt an dochtúir. Thug sé sracfhéachaint ar an Dr Mac Cearáin ach lean seisean ag cur tic le boscaí ar an liosta ar a chlár. Lean Fióna: 'Bhí tú chomh haineolach ag an am, ach bhí tú sásta. Bhí gach rud ag dul ar aghaidh go hiontach: bhí teach faighte againn, slí bheatha iontach leagtha amach againn agus bhíomar le dul ag pósadh faoi cheann leathbhliana.' Shlog sí siar na deora. 'Bhí mé ag iarraidh é a rá leat ach bhí gach rud chomh foirfe sin gur cheap mé go loitfinn gach rud. Theastaigh uaim an scéala a rá leat ach chuaigh mé ar an ól an oíche sin. D'íoc mé go daor as.'

De réir a chéile, thuig Brian cad a bhí á rá aici. An scéal a bhí á insint aici, tharla sé na blianta ó shin. Ní raibh an deis aici a insint dó go raibh sí ag iompar agus an oíche chéanna a gabhadh í de bharr tiomáint faoi thionchar alcóil, chaill sí an leanbh. Bhí an t-ualach seo á iompar aici an t-am ar fad.

'Buíochas le Dia go bhfuilimid go léir slán anois,' ar sé go ciúin. 'Tuigim anois cad a tharla. Tá grá mór agam duit, a Fhióna. Táimid le chéile agus tá gach rud ceart go leor. Is é an príomhrud ná go bhfuilimid ar fad slán. Ní ghortófar éinne arís.' Chuir Brian a mhéara trína cuid gruaige agus dhún sí a súile.

'Ach chaill mé an leanbh anocht, a Bhriain, ár leanbh.'

Breithiúnas

'Seasaigí,' arsa an báille.

Sheas cách agus shiúil an Breitheamh Ró-Onórach Perritaz isteach. Thug Ruth sonc réidh d'Eipí a bhí ag stánadh roimpi sa suíochán ina haice, agus sheas sise leo. B'éigean di an nod a thabhairt an athuair nuair a bhí sé in am acu suí.

Las scáileán os a gcionn. Bhog beola Eipí agus í ag léamh na sonraí go ciúin, í bródúil go raibh ar a cumas féin na litreacha ar fad a aimsiú, agus na huimhreacha fiú:

Cás: 4-4-1-3-4-4
An Breitheamh Ró-Onórach Perritaz sa Chathaoir
An Stát-versus-Cáel de Tiúit
Cás á éisteacht: H-e-p-h-z-i-b-a-h de Tiúit

Hephzibah. A hainm féin ar an scáileán. Níor ghlaoigh aon duine an t-ainm sin uirthi. Bhí sé rófhada, róchasta le litriú. D'aithin gach duine mar Eipí í.

Rinne Eipí méanfach. Bhí sí ríthuirseach na laethanta seo. Bhí súil aici nach mbeidís anseo rófhada. Ar an dea-uair, bhí gúna nua aici don ócáid. Gúna geal bándearg agus bóna mór bán air. Bhronn Ruth uirthi é. Cara cásmhar ba ea Ruth.

Bhí cúntóir eile ag Eipí nuair a tháinig sí go Teach Alba ar dtús. Caitríona chantalach chancrach. Chuaigh Eipí i bhfolach laistiar den tolg nó isteach sa chófra glantacháin ar chloisteáil di Caitríona ag teacht.

Ansin tháinig Ruth. D'éist Ruth léi. Chuidigh sí le hEipí agus í in ísle brí. Chuir sí i gcuimhne di a cuid cógas leighis a ghlacadh. Tháinig sí léi chuig gach coinne leis na saineolaithe. Agus nuair a iarradh uirthi pí-pí a dhéanamh isteach sa phróca, ba í Ruth a choimeád an ghloine fúithi go dtí go raibh an gnó déanta.

In oifig an dochtúra, mhínigh Ruth di go raibh Eipí ag iompar linbh. Leath na súile ar Eipí. Bhí sí ar bís, agus neart ceisteanna aici. Conas a bhí a fhios acu? Cathain a thiocfadh an leanbh? D'fhreagróidís na ceisteanna ar fad níos deireanaí, a dúirt Ruth.

Ina dhiaidh sin, cuireadh Eipí ina luí ar bhord agus chuimil siad glóthach dá bolg. Bhí a goile lán de shú oráiste ó mhaidin agus bhrúigh an dochtúir uirlis lena bolg. Scrúdaigh sé go géar íomhá cheithrethoiseach dhoiléir ar an scáileán. Bhí Eipí ag brionglóid faoin leanbhán álainn gleoite a shaolófaí di.

De bhreis ar an scéala a tugadh di go dtí seo, d'fhógair an dochtúir gur cúpla a bheadh aici. Beirt naíonán! Shocraigh Eipí ina haigne féin go nglaofadh sí Bairbre agus Sindí orthu, mar is cinnte gur beirt chailíní aoibhne a bheadh aici. Babs agus Sind mar ghiorrúcháin. Duala fionn-órga cosúil léi féin orthu. Ansin, bhí ar Eipí éirí mar bhí an bríste fliuchta aici agus bord an dochtúra salaithe.

D'amharc sí ar Ruth a bhí éirithe ón mbinse. Labhair sí go foirmiúil leis an mbreitheamh: 'Is altra síciatrach mé i dTeach Alba, áit chónaithe bhuan Hephzibah de Tiúit. Tá Hephzibah faoi mo chúram le ceithre bliana anuas. Thar aon ní eile, is é leas agus cosaint Hephzibah na gnéithe is tábhachtaí...'

Bhí fonn ar Eipí Ruth a cheartú. Ní thuigfeadh daoine gur Eipí féin a bhí i gceist nuair a bhí gach duine ag trácht ar Hephzibah. Rinne sí iarracht aird Ruth a tharraingt uirthi le geáitsí agus mímeáil. Chaith na finnéithe leathshúil i dtreo Eipí.

Chonaic siad bean bheag i ngúna míchumtha. Bhí a cuid fiacla cam. Chaith sé go raibh folt fionn uirthi tráth ach anois bhí cuma an deataigh dhorcha air, é ceangailte siar le dhá ribín dhearga. In ainneoin smearadh breicní gréine ar bharr na sróine agus ar a géaga tiubha nochta, bhí a héadan mílítheach, a haghaidh críonna roimh am. Ach lonraigh muinín óna gnúis shoineanta shéimh agus a súile boga liathghorma.

D'fhill Ruth ar an mbinse agus tháinig urlabhraí eile faoi bhráid na cúirte chun comhrá ríshofaisticiúil a dhéanamh leis an mbreitheamh. D'aithin Eipí cuid den fhoireann ón gclinic. An Dochtúir Finn.

'Bhí an slánú monachoriónach á roinnt ag an gcúpla fireann ar tugadh Cáel agus Ardal orthu. Gan mhoill thuigeamar go raibh míchothromaíocht eatarthu,' a mhínigh an Dochtúir Finn de ghuth tromchúiseach. Culaith dhúghorm a bhí air inniu agus carbhat dúghorm leis. Ní fhaca Eipí riamh é san áit mháinliachta ach i gculaith dhonn leamh. Lean sé air: 'Is beag seans maireachtála a bhíonn ag ceachtar toircheas; tá taighde leanúnach ar siúl againn anseo. De ghnáth tugtar rogha don othar: deighilt a dhéanamh le léasar; draenáil aimníneach; nó sreang an imleacáin a phoncloisceadh faoi thrí sa toircheas is laige. Ar ndóigh baineann deacrachtaí ar leith le gach rogha. Tá comhollamh liom anseo chun a thuilleadh a rá ina thaobh sin.'

Bhí an t-ollamh ársa. Chaith sé gur cara pearsanta le San Nioclás é. Lig Eipí gíog aisti. Chuir Ruth srian léi agus seachas osna fhada mhífhoighneach, d'fhan sí ina tost.

Bhí sé ag éirí níos deacra uirthi suí go ciúin sa seomra plúchta agus í meáite ar a cuid nuachta a roinnt le hIachais. Ní fhaca sí é ón lá a tháinig sí abhaile ón gclinic le Ruth. Bhí dualgas air slán a fhágáil ag Eipí ach go háirithe, dá mbeadh sé ag imeacht in aon áit. Ba í Eipí a dhlúthchara. Chuir sé cogar ina cluas go raibh sé dúnta i ngrá léi. Ach seans go raibh sé ar saoire lena mhuintir. Bheadh sé ar ais i dTeach Alba sula i bhfad.

Thagadh tuismitheoirí Eipí ar cuairt chuici cúpla uair sa bhliain chomh maith. Ar an Domhnach ba ghaire dá breithlá, théidís amach ar thuras lae. Níor tháinig siad go fóill don bhreithlá ba dheireanaí ach thuig Eipí go raibh siad fíorghnóthach ag ullmhú do phósadh a dearthár, Haniel. Bhí an cúigear acu chun céiliúradh speisialta a dhéanamh nuair a d'fhillfeadh Haniel ó mhí na meala lena bhean chéile nua. Smaoinigh Eipí ar na borrróga uachtair, na milseáin, na barraí seacláide agus an Cola a bheadh acu don chéiliúradh, agus tháinig uisce lena fiacla.

Bhí an t-ollamh fós ag breallaireacht. 'Bhí Teach Alba thar a bheith mall ag fáil amach go raibh an bhean seo ag iompar clainne. Míbhuntáiste mór é sin ar an gcéad dul síos. I gcás an léasair, is obráid tríocha nóiméad é de ghnáth. Ach tar éis téarma breis is sé seachtain déag a chur isteach, bíonn sé de nós ag an gcúpla gluaiseacht thart. Cruthaíonn sé sin scamaill ar an íomhá, rud a dhéanann níos deacra fós an cúram, agus bíonn baol ann don mháthair. Méadaíonn an fhadhb arís más máthair neamhshochair an t-othar.' Thug sé sracfhéachaint ar Eipí sular lean sé leis an gcuid eile.

'Tá draenáil míchompordach leis. Is gá é a dhéanamh arís agus arís eile. Tuigimid go mbíonn Teach Alba faoi bhrú caomhnóir agus modh iompair a sholáthar nuair a théann othar dá gcuid amach. Bíonn brú ar an othar féin. I ngeall air sin, roghnaíodh an poncloisceadh i gcás Iníon de Tiúit. Ós rud é gurb é Cáel an té is laige maidir le croí, scamhóga agus lamhnán, cinneadh gur air siúd a dhéanfaí an poncloisceadh.'

Bhí áthas ar Eipí nuair a bhí a óráid críochnaithe ag an ollamh. D'fhill sé ar a bhinse féin. Bhí súil aici nach mbeadh sé ag teacht chun an ardáin arís.

D'aithin sí an Mátrún ag teacht os comhair an

bhreithimh ina dhiaidh. Gan aon amhras, ní bheadh óráid fhada aici siúd. Mar ba ghnách léi, labhair sí go húdarásach borb: 'Tar éis tástáil shimplí DNA, d'aimsíomar an t-athair. Tá sé aistrithe go háitreabh oiriúnach eile anois. Ar ndóigh, ní cheadaítear collaíocht ach is teach measctha é Teach Alba. Ní mheastar gur daoine dainséaracha iad an lucht cónaithe agus níor moladh aimridiú dóibh ná micrishlis sa mhuineál. Tá an tsaincheist á meas againn faoi láthair agus foilseofar tuairisc ina thaobh i gceann coicíse.'

Lig Eipí geoin nuair a d'fhill an Dochtúir Finn chun labhairt an athuair. Bhí an leithreas uaithi go géar. Labhair sé go mall tomhaiste. 'Mar a tharla, le linn an chéad mhionscrúdaithe eile, an scanadh ba dheireanaí ar Hephzibah an Mháirt seo caite, chonaiceamar go raibh Cáel, an leathchúpla ba laige dar linn, tar éis a dheartháir Ardal a mharú sa bhroinn. Maireann Cáel go fóill, cé nach bhfuil ach dhá artaire i sreang an imleacáin aige, seachas trí cinn. Tuigtear dúinn go mbeidh mórchuid deacrachtaí néareolaíocha aige amach anseo.'

Faoi dheireadh, scaoileadh Eipí chun an leithris. Ar theacht ar ais di, bhí an breitheamh ag fógairt a bhreithiúnais: 'Sa chás seo, cruthaíodh gur dhúnmharaigh Cáel a dheartháir, Ardal. Tuigimid de réir na fianaise, nach é amháin gur ualach airgid ar an stát a bheadh i gCáel dá saolófaí é, ach gur bhagairt iolrach ar an sochaí a bheadh ann. Níl de rogha agam, dá bhrí sin, ach an pionós a ghearradh ar Cháel de Tiúit agus é a dhaoradh chun báis. Díbreofar é trí scaradh nádúrtha ón máthair maidin amárach.'

Agus an breithiúnas tugtha, d'iarr an báille ar an bpobal seasamh. Sheas siad agus d'fhág an Breitheamh Ró-Onórach Perritaz an chúirt.

'Déanfar roinnt tástálacha eile ort maidin amárach, a Eipí,' a mhínigh Ruth di agus iad ag bailiú na gcótaí agus na málaí. 'Agus má tá fonn ort níos déanaí sa tráthnóna, gheobhaimid péire deas bróg a d'fheilfeadh do do ghúna nua.'

Tháinig lasair i súile Eipí. Bhí na paitíní móra dubha a bhí uirthi caite le fada. Bhraith sí trom, ciotach agus a cosa brúite iontu. Ba bhreá léi péire bróg nua a fháil; cleití ar a cosa.

Cúrsa Eitilte

Bhí áthas ar Theo go raibh greadadh ama aige. Bhí an t-aerfort plódaithe amach is amach. Páistí ag gol. Meiriceánaigh beathaithe glóracha ag filleadh abhaile. Mná ag brú tralaithe, agus á sá i gcoinne glúine aon duine a bhí sa bhealach.

D'aimsigh Theo an deasc cláraithe cuí ón scáileán leictreonach lastuas. Montréal, uimhir a trí déag, ag bun an halla. D'fhéach sé os a chomhair amach. Chas an scuaine roimhe isteach agus amach mar a bheadh sruthán caismirneach. Níor mhiste leis dul i ngleic leis an gconairt sular mhéadaigh sé as cuimse. Phlab sé a mhála taistil agus a mhála droma ar an urlár ag bun na líne.

Bheadh a dhóthain ama le spáráil aige chun nuachtán a cheannach agus greim lóin a fháil. Cheannódh sé buidéal cumhráin mar bhronntanas d'Alana sna siopaí. *Estée Lauder* a thaitin léi, dá mba bhuan a chuimhne. Bhí slabhra ó bhailiúchán *Newbridge* ina mhála aige di chomh maith. Torc airgid a bhí ann ach i stíl Cheilteach. Thaitneodh sé sin léi, bhí sé cinnte de.

Nuair a shroich sé barr na scuaine, thaispeáin sé a phas agus an leathanach clóbhuailte lena uimhir thagartha air don bhean freastail agus dhumpáil sé a mhála ar an gcrios iompair.

'Agus ar mhiste leat an ticéad féin a thaispeáint, le do thoil?' a d'fhiafraigh an bhean de, agus meangadh mór uirthi.

'Níl aon ticéad eile agam,' a d'fhreagair Theo. 'Tá gach sonra ar an leathanach ansin agat.'

Dhearbhaigh sí an t-eolas ar an ríomhaire. 'Ach eisíodh ticéad duit. Nach bhfuair tú é?'

Chíor Theo a intinn. Airiú! Tháinig clúdach litreach sa phost chuige coicís ó shin agus cúrsa taistil mar aon leis na ticéid ann. Bhí an oiread sin cleachtadh aige ar thicéad leictreonach a úsáid na laethanta seo go ndearna sé dearmad glan ar an modh seanfhaiseanta úd agus an ticéad páipéir a bhreith leis.

'D'fhág mé sa chistin é,' ar sé go tamáilte. 'Nach féidir maireachtáil gan é? Táim rófhada ón mbaile anois chun é a bhailiú.'

'Tá brón orm, ach ní ligtear aon duine tríd an ngeata gan

ticéad. Murar féidir leat é a bhailiú, is féidir ceann eile a eisiúint duit ag an deasc thall. Ach tá táille le híoc.' Rinne an bhean iarracht an aoibh a choimeád ar a haghaidh ach bhí cuma leithscéalach uirthi ag an am céanna.

Lig Theo osna chléibhe. Ní raibh an dara rogha aige. Bhí na daoine taobh thiar de sa scuaine ag tarraingt na gcos agus ag breathnú ar a gcuid uaireadóirí. Thug sé leis a phas agus a mhálaí agus bhrúigh sé tríd an slua chun an deasc a aimsiú. Ba é an rud ab íorónaí ar fad faoi ná go bhfuair sé an eitilt saor in aisce nach mór de bharr na bpointí a bhí carntha aige sa scéim dílseachta.

D'íoc sé an táille agus tugadh ticéad nua dó. Bhí maolú tagtha ar an scuaine nuair a d'fhill sé ar an deasc cláraithe. An bhean chéanna a chuir fáilte roimhe. 'Tá áthas orm gur tháinig tú ar réiteach,' ar sí. 'Anois, níl aon suíochán fágtha le taobh an phasáiste ná in aice na bhfuinneog ach tá suíochán lárnach agam atá chun tosaigh ar fad. Beidh radharc maith ar an bhfíseán agat.'

Chuir Theo strainc air féin. Shamhlaigh sé é féin díreach os comhair scannáin, ceann bearránach páistiúil a bhí feicthe aige mí ó shin lena nia. In aice na leithreas chomh maith a bheadh sé, gan amhras, agus boladh bréan ag seoladh tríd an aer chuige. Ach ní dúirt sé dada mar níorbh fhada go mbeadh sé i dteannta an chailín ab áille ar domhan.

Bhí éileamh eile ag an mbean freastail. Ar sí, 'Tá do chuid bagáiste pas beag trom.'

'Níl ann ach fiche a naoi cileagram,' arsa Theo. 'Nach gceadaítear tríocha a dó ar na heitiltí trasatlantacha?'

'Ceadaítear de ghnáth, ach gearradh siar air le déanaí agus níl ach liúntas fiche a cúig cileagram le fáil i do rannógsa faoi láthair. Beidh táille bhreise le híoc agat.' Chaith Theo a shúile i dtreo na bhflaitheas.

'Éist,' a lean an bhean ag iarraidh cuidiú leis. 'Ligfidh mé duit seiceáil isteach anois ach coimeádfaidh mé do thicéad anseo liom. Téigh go dtí an deasc thall agus nuair a íocann tú an táille, tabharfaidh siad admháil duit. Tar ar ais chugamsa ansin leis agus beidh tú ceart.'

Fíneáil eile. Bac eile. Ar ais leis go dtí deasc na dticéad. Agus an tasc sin curtha i gcrích aige, thug sé aghaidh ar an gcriathrú slándála.

Bhí moill uafásach ann toisc go raibh ar gach duine seaicéad, bróga agus crios a bhaint. Fós tháinig bíp ón áirse nuair a chuaigh siad tríd, mar bhí eochracha, sóinseáil nó fón dearmadta i bpóca éigin acu. Bhí fonn ar Theo íde béil a thabhairt dóibh ach chuir sé i gcuimhne dó féin nach raibh sé i mbun an tseomra ranga traenála inniu. Chuir sé srian air féin. Ghluais na daoine ar aghaidh ar nós marbhán san fhásach, gan ar na cosa ach na stocaí agus iad ag siúl ar an urlár salach greamaitheach.

I ndiaidh leathuair an chloig eile a chaitheamh i scuaine sna siopaí, bheartaigh Theo dul isteach sa tolglann phríobháideach chun sos a fháil ón ruaille buaille ar fad. Bhí sé daor dul isteach (d'íoc an comhlacht as nuair a bhí sé ag taisteal ar son na hoibre) ach b'fhiú é chun éalú ón ngramaisc sna pasáistí. Bhí na sólaistí ar fad idir dheochanna agus bhrioscáin san áireamh.

Bhí an tolglann phríobháideach ar an gcéad urlár. Bhí an spás istigh gann go leor. Daoine ina n-aonar ba mhó a bhí ann, iad sáite sna ríomhairí. Bhí ceol clasaiceach éadrom á sheinnt. Shuigh Theo siar i dtolg compordach, bhain an fón as a phóca agus sheol teachtaireacht chuig Alana.

San aerfort. Mall anseo
Ach áthas orm nár cuireadh
madraí i mo dhiaidh!
An eitilt in am.
Grá, Theo.

Cé nár luaigh sé léi é, bhí sé ag ceapadh go raibh an t-ádh air, i ndiaidh gach bac eile inniu, nach ndearnadh tástáil tóna air.

Bhí sé sách luath ar maidin i Montréal go fóill agus mheas sé go mbeadh Alana fós ina luí. Ach tháinig na bípeanna seachadta a thug le fios go raibh an fón ar siúl aici.

Tar éis dó gloine branda a líonadh ón mbeár, d'fhill sé ar an tolg agus tháinig gliondar ar a chroí nuair a chonaic sé go raibh an fón ar lasadh. Léigh sé an teachtaireacht nua:

Dhúisigh mé go luath.
Ag tnúth go mór leis
an dinnéar anocht!
XXX Alana

Rinne Theo aoibh leis féin. Bhí seisean ag tnúth leis an dinnéar chomh maith. Bhí Alana chun é a bhailiú chomh luath is a bhí an bagáiste aimsithe aige – bhí sí ag obair ag Aerfort Idirnáisiúnta Pierre Elliott Trudeau féin i Montréal. D'fhágfaidís na málaí ina hárasán siúd agus rachaidís go dtí an bhialann rómánsach a bhí curtha in áirithe aici. D'fhiafraigh sí de ina ríomhphost deireanach ar thaitin bia Indiach leis agus d'fhreagair sé gur thaitin sé go mór leis.

Ar an drochuair, bhí ar Alana dul ag obair an mhaidin dar gcionn, an Aoine. Ba chuma faoi sin i ndáiríre mar bhí sé ar intinn ag Theo fanacht sa leaba agus a scíth a ligean tar éis an turais fhada. Ina dhiaidh sin, bheadh neart fuinnimh aige aghaidh a thabhairt ar an gcoicís a bheadh acu le chéile ag bóithreoireacht thart ar chósta thoir Cheanada. Dá mb'fhéidir é, ba mhian le Theo cuairt a thabhairt ar chathracha móra Ontario – Toronto agus Ottawa. Bhí siad ag súil freisin le dul chomh fada le Gaeltacht Bhaile na hÉireann, áit a raibh deirfiúr Alana lonnaithe lena clann óg.

Shleamhnaigh smaointe Theo siar go dtí an tráthnóna a bhuail sé le hAlana den chéad uair i gCóbanhávan. Bhí dhá lá déanta aige den chúrsa traenála trí lá a bhí á theagasc aige. Agus an comhlacht tar éis bogearra nua a láinseáil, bhí ar Theo cuairt a thabhairt ar phríomhchathracha na hEorpa ag múineadh don mheitheal thar lear conas an rud a fheidhmiú. Bhí brainse beag acu i gCóbanhávan agus tháinig scata aduaidh ón bhFionnlann agus ón tSualainn chun dul i gcomhar leo.

Agus am dinnéir ag druidim leo, bhí cathú ar Theo dul leis an ngrúpa dána a bhí aige chun cuairt a thabhairt ar an Museum Erotica i lár na cathrach. Bhí sé feicthe ag ball amháin den rang an oíche roimhe sin, agus bhí sé mar ábhar cainte ag na fir an lá ar fad ina dhiaidh sin. Bhí sé ar intinn acu ar fad dul ann tráthnóna roimh an dinnéar. Ach ní raibh Maighdean Mhara cháiliúl Chóbanhávan feicthe ag Theo go fóill agus ar deireadh, bheartaigh sé aghaidh a thabhairt ar an gcuid sin den chathair agus bualadh leis an ngrúpa níos déanaí sa bhialann.

Nuair a tháinig sé i ngiorracht don dealbh, bhí Alana ann roimhe, ag stánadh uirthi, a folt fionn caite agus an ghaoth ag séideadh. Ní raibh aon duine eile timpeall na háite.

'At least this time she has her head screwed on,' arsa Theo go cairdiúil as Béarla, óir ba chosúil go raibh Béarla ag gach duine sa Danmhairg.

Gháir Alana. 'Yes, she looks much better.' B'eol dó nuair a labhair sí nárbh ón Danmhairg í. Québecoise ba ea í, a mhínigh sí nuair a d'fhiafraigh sé di cárbh as di. Bhí ionadh uirthi nuair a d'inis Theo di gurbh ó Éirinn é mar ó Mhaigh Eo a shíolraigh seanmháthair Alana. Agus is ar an gcaoi sin a thosaigh an comhrá eatarthu. Thosaigh sé ag éirí fuar agus mar sin d'fhág siad slán ag an Mhaighdean Mhara chun siúl le chéile go dtí an phríomhshráid siopadóireachta, an Strøget.

Mhínigh Theo go raibh sé ag obair le comhlacht mór cuntasaíochta. Bhí oifigí go forleathan ar fud na hEorpa acu. Níor chuntasóir é féin, ar sé go tapa, ar eagla go sílfeadh sí gur *nerd* de shaghas éigin é. Mhúin sé pacáistí nua bogearraí do lucht oibre na hEorpa. Sin é an fáth a raibh sé anseo sa Danmhairg. Bhí sé le filleadh abhaile an tráthnóna dar gcionn tar éis an ranga.

D'inis Alana a scéal féin, conas a tharla go raibh sise sa Danmhairg. Innealtóir aeraspáis ba ea í; saineolaí teicniúil. Bhí sí freagrach as córas meicniúil agus gluaiseacht na n-árthach. Bhí seachtain caite aici i dteannta foireann innealtóirí Eorpacha. Chuir sí comhairle orthu maidir le tionscadal nua a bhí á fhorbairt acu.

Go tobann, d'aithin siad go raibh siad tagtha i ngar don bhialann Ghréagach, áit a raibh sé i gceist ag Theo bualadh leis an gcuid eile den ghrúpa. Mhoillígh sé beagáinín. Níor theastaigh uaidh an bhean draíochtach seo a scaoileadh uaidh. Dá ndéanfadh sé é, chaillfeadh sé go deo í.

'Inis dom cá bhfuil tú ag fanacht nó... cad atá ar siúl agat anocht?' ar sé léi, é ag súil nach raibh sé ródhána an cheist sin a chur.

'Táim ag fanacht sa Radisson,' a d'fhreagair Alana go hoscailte. 'Tá socrú ag an aerlíne leis an óstán sin. Níl aon phlean agam don oíche anocht. Cad fútsa? Cá bhfuil tú lonnaithe?'

'Óstán na Maighdine Mara. Áit dheas shimplí is ea é ach bíonn clog an tséipéil in aice láimhe ag bualadh ó mhaidin go hoíche! Táim le bualadh leis an rang anseo.' Sméid Theo i dtreo na bialainne.

Thug sé faoi deara an splanc dhíomá ar aghaidh Alana ach ansin rinne sí miongháire á rá, 'Hmm... bialann Ghréagach. Is deas an rud a fheiceáil go bhfuil sibh chun triail a bhaint as speisialtacht an réigiúin!'

'Ná habair,' arsa Theo agus straois air. 'Aréir bhíomar sa *Hard Rock*. Éist, an bhféadfá fanacht dhá nóiméad go ndéarfaidh mé leo nach bhfuilim chomh ceanúil sin ar bhia Gréagach tar éis an tsaoil?'

Chroith Alana a ceann go heolach agus sheas go foighneach in aice an dorais.

Istigh sa bhialann gheal, bhí triúr ban ón rang ag ól fíona dheirg. 'Heileó Theo! Tá tú anseo!' ar siad nuair a chonaic siad é ag teacht isteach. Bheannaigh Theo dóibh agus mhínigh go tapa go raibh aiféala air nach mbeadh sé in ann ithe leo.

'Tá tú ag dul ar ais chuig an músaem salach sin! Mo náire thú!' arsa duine amháin.

'Abair leis na fir sin brostú ar ais. Tá ocras orainne! Ba mhaith linn tosú nó beimid ólta gan mhoill!' arsa ceann eile.

'Ná bí ródhéanach,' an foláireamh cairdiúil a thug Theo dóibh, 'cuimhnigh go bhfuil rang agaibh ar a hocht ar maidin amárach.'

Baineadh stangadh as nuair nach raibh Alana ina seasamh lasmuigh. Ar theith sí uaidh? Nó an é nár bhuail sé léi in aon chor; gur aisling í a d'eascair as an Maighdean Mhara? Ach ansin chonaic sé í cúpla céim uaidh ag ceannach suaitheantais a bhí ar díol ar na sráideanna.

'Nach bhfuil sé gleoite?' ar sí á thaispeáint dó. 'Lasann an aghaidh.' Ba léir gur bhain sí sult as na rudaí seo – soilse, ábhairín aisteach. Bhuail smaoineamh Theo.

'Seo linn,' ar sé, 'tá tú ag teacht liom chuig gairdíní an Tivoli go mbeidh roinnt spraoi againn anocht.'

***

Bhí Theo ina shuí san eitleán. Bhí gach duine ina áit féin le breis is uair an chloig anuas ach níor bhog an t-eitleán go fóill ón áit a raibh sí. Cheana féin, bhí an t-aer lofa. Thosaigh daoine ag fiafraí dá chéile cén mhoill a bhí orthu. Scuaine eile, bhí Theo ag ceapadh; bheadh orthu fanacht go dtí go mbeadh an rúidbhealach saor don aerárthach ábhalmhór seo acu.

Chuir an captaen in iúl dóibh go raibh deacracht bheag acu ach bhí foireann innealtóireachta ag teacht chun é a fhiosrú. Ní bheidís i bhfad. Tugadh leabhair agus criáin do na páistí, braon uisce do na daoine fásta.

D'éirigh na paisinéirí corrthónach ar fad nuair nár tháinig aon fheabhas ar an scéal tar éis leathuair an chloig eile. Ní raibh aon léargas breise ag an bhfoireann óstach ar an scéal, nó sin é a dúirt siad. Labhair an captaen arís. 'A chairde, is oth liom a rá go bhfuil fadhb aerchóirithe san eitleán seo inniu. Tá sé róchontúirteach dul san aer. Is oth liom é ach ní mór daoibh ar fad éirí as an eitleán. Tabharfaidh an criú ar an talamh comhairle daoibh maidir leis an sceideal nua.'

Tháinig curfá ochlánach ó na paisinéirí. D'éirigh an raic

ní ba mheasa fós nuair a tugadh ar ais go seomra feithimh san aerfort iad. Ní raibh sé aon phioc chomh galánta leis an tolglann phríobháideach ina raibh Theo níos luaithe. Thosaigh an slua ag bagairt ar an bhfoireann go mbeadh litir ghearáin ag triall ar an aerlíne; go mbeadh na dlíodóirí ina ndiaidh; go raibh cúiteamh réasúnta uathu.

Tar éis domhainmhachnaimh, d'fhógair banóstach na socruithe: 'Cuirfear roinnt daoine ar an eitilt go Londain agus uaidh sin go Montréal. Ghlaofar bhur n-ainmneacha amach ar ball beag. An chuid eile agaibh, rachaidh sibh go Páras. Eiseofar ticéid nua daoibh ar fad.'

Rinne Theo geoin as ard. Bheadh orthu dul níos faide soir, rud a dhéanfadh an turas siar níos faide fós. Sular luadh a ainm ar chor ar bith, bhí sé cinnte go mbeadh sé ar an eitilt go Párás. Chun go mbeadh turas níos achrannaí aige.

Bhí an ceart aige.

'Tá cárta dílseachta agam,' a d'impigh sé ar an mbean á thaispeáint di. 'Nach dtugann sé sin aon tosaíocht dom?'

Dhearbhaigh sí a ainm ar an liosta. 'Feicim d'ainm anseo. Is de bharr do chárta dílseachta atá tú ag bun an liosta.

Fuair tusa an eitilt saor in aisce. Ná bí ag súil le mórán eile saor in aisce.'

Bhí cóip den scéim árachais ag Theo ina mhála ach níorbh fhiú mórán é. D'íoc siad €12.50 in aghaidh na huaire ar gach uair an chloig i ndiaidh moill dhá uair déag. Cothrom le cupán caife suarach in aisce gach uair, ba ea an tuiscint a bhain Theo as. Ach ansin léigh sé níos faide síos go gcaithfeadh an t-árachaí a bheith lasmuigh dá thír féin. Chiallaigh sé sin nárbh fhiú faic é. D'imigh sé chun Alana a chur ar an eolas, mar bheadh sí ag obair faoin am seo.

Baineadh geit aisti guth Theo a chloisteáil ar an bhfón. 'A Theo! Cad atá cearr? Shíl mé go mbeifeá san aer faoin am seo!'

'Sin a shíl mise freisin,' a d'admhaigh Theo. Aisteach go leor, rith sé leis go mb'fhéidir nach raibh an eitilt seo i ndán dó. B'fhéidir go raibh tubaiste le tarlú agus nár chóir dó a bheith ann... Ach chaith sé uaidh na smaointe seafóideacha sin agus mhínigh an scéal d'Alana. 'Agus beidh mé ag teacht isteach chuig Aerfort Orly, cuirfear seirbhís tointeála ar fáil chun dul go Charles de Gaulle, atá ar cheann de na haerfoirt is gnóthaí ar domhan, mar is eol duit. Uaidh sin, beimid ag dul díreach amach go

Montréal – mura dtarlaíonn aon rud eile idir an dá linn, ar ndóigh.'

'Ná habair a thuilleadh nó cuirfidh tú *jinx* ort féin!' a gháir Alana. 'Cuirfidh mé an dinnéar ar athlá don Aoine mar sin.'

'Sea, fútsa atá. Is dócha go mbeidh mé ag tuirlingt go luath maidin amárach. Beidh tusa ag obair. D'fhéadfainn tacsaí a fháil chuig an árasán ach níl eochair ar bith agam.'

'Tá an ceart agat. Tá sé seo an-chasta ar fad. Fágfaidh mé eochair ag an deasc eolais san aerfort, más féidir. Ach cuir glaoch orm nuair a thagann tú isteach.'

'Maith go leor mar sin.'

***

Bhí a bhéal triomaithe agus claon adhairte air nuair a dhúisigh Theo. Shlog sé roinnt uisce agus shuigh i gceart ina shuíochán. D'amharc sé ar a uaireadóir. Bhí siad níos déanaí fós ná mar a bhí ráite acu nuair a d'fhág siad Charles de Gaulle. Thug sé faoi deara go raibh cuma mhíshuaimhneach ar na paisinéirí. Bhí an comhartha don chrios sábhála ar lasadh.

Bhí sé dhá shuíochán ón bhfuinneog agus chrom sé a cheann beagáinín chun faire amach. Ní raibh mórán le feiceáil trí na scamaill. 'Táimid ag guairdeall thart ar an gcathair,' a mhínigh an fear taobh leis. 'Dúirt siad go raibh siad ag lorg rúidbhealach glan.'

Aisteach sin, a mheas Theo. Bhí turas fada curtha díobh acu agus níor mhiste tuirlingt sula i bhfad. Nach raibh teorainn leis an méid breosla a bhí acu? Ach, níorbh aon saineolaí é ar eitleáin.

Go gairid ina dhiaidh sin, d'fhógair an captaen cad a bhí ag tarlú. Cé nach raibh Fraincis ar a thoil ag Theo, bhí bunbhrí an fhógra aige nuair a lig na daoine eile timpeall air cnead astu. D'éist sé go géar leis an leagan Béarla. Dúirt an captaen go raibh tubaiste tar éis titim amach in aerfort Pierre Elliott agus go raibh orthu tabhairt faoi Mirabel anois, aerfort eile nach raibh rófhada uathu. Thosaigh daoine ag fiafraí de na haeróstaigh cad a bhí tite amach ach thug siad le tuiscint go raibh gach rud faoi smacht acu.

Bhí a fhios ag Theo nach raibh. Ba rud mór é atreorú go haerfort eile. Bhí cuma an-neirbhíseach ar fad ar an bhfoireann. Bhí rud éigin tarlaithe. Drochrud. Agus Alana gafa ann. A ghrá geal. Bhain Theo an mála páipéir as an bpóca os a chomhair agus rinne urlacan.

Ní raibh siad in ann imeacht ón eitleán láithreach i Mirabel mar bhí orthu fanacht go dtí go raibh dréimire saor ar fáil dóibh. Ba chosúil go raibh an t-aerfort seo ag fáiltiú roimh i bhfad níos mó eitiltí ná mar a bhíothas ag súil leis, an lá áirithe seo.

Bhrúigh Theo chun tosaigh chun éalú ón eitleán plúchta chomh tapa agus ab fhéidir leis. Istigh san fhoirgneamh bhí an nuacht le feiceáil ar na scáileáin mhóra ar crochadh os a gcionn i halla an bhagáiste: bhí sceimhlitheoir Iosraelach á dhíbirt as an tír ar maidin agus phléasc buama in Aerfort Pierre Elliott. Fuíoll mallachtaí ar an sceimhlitheoir. 'Tugtar le fios dúinn,' arsa an tuairisceoir, 'gur maraíodh cúigear oibrí sa roinn innealtóireachta go dtí seo agus gortaíodh seachtar is fiche. Bhí an sceimhlitheoir Iosraelach i bhfolach sa tír....'

Tháinig mearbhall ar Theo. Cad faoi Alana? Alana álainn a bhí ag obair mar innealtóir ann? Níor bhac sé lena chuid bagáiste. Rith sé amach as an halla. Gheobhadh sé tacsaí go dtí Aerfort Pierre Elliott, ba chuma cén chontúirt....

'Theo!'

Chuala sé a ainm ag snámh tríd an aer. An é féin a bhí á lorg? Bhí Alana ina seasamh os a chomhair, agus cuma an aingil uirthi. Smaoinigh sé an athuair ar an Maighdean Mhara. Stad sé roimpi, béal oscailte. Go tobann, rug sé greim uirthi, é pas beag garbh léi fiú, faoi mar go raibh sé ag iarraidh a chinntiú go raibh sí beo. 'Cad... cad a tharla? Conas a bhí a fhios agat go rabhas anseo?'

'B'eol dom go raibh tú mall agus choinnigh mé súil ghéar ar do chúrsa eitilte,' a mhínigh sí. 'Ar ndóigh, tá gléas agam a thaispeánann dom na heitiltí atá ag teacht isteach nó ag dul amach. Chuireas uimhir d'eitilte isteach agus seoladh teachtaireacht chugam go raibh tú anseo.'

'Ach... cén fáth nach bhfuil tú ag obair? An tubaiste...'

Chuir sí lámh lena béal agus tháinig deora lena súile. 'Chuala mé an scéal anois. Ní bhfuaireas néal codlata aréir. Bhíos ag iarraidh tú a fheiceáil chomh luath is a thuirling tú, agus leis na hathruithe ar fad, bhí an scéal saghas casta. Ghlaos orthu go luath maidin inniu ag ligean orm go rabhas tinn agus go mbeinn as láthair ón obair. Dá mba rud é gur tháinig d'eitilt isteach in am, oíche aréir, bheinn ag obair ann inniu...'

MIL

Shaothraigh an seanfhear a anáil dheireanach. Bhí cuma chorr ar a aghaidh agus d'fhan an dreach sin air, mar ag an nóiméad sin, d'fhág a anam a chabhail shaolta agus chuaigh chun na bhflaitheas. Ní raibh Bairtliméad Dean Maxwell leo a thuilleadh.

Thuig Oscar, a bhí ar a ghlúine taobh leis an othar ar feadh an lae, go raibh sé imithe uathu faoi dheireadh. Dhún sé súile an tseanfhir agus chrom sé a cheann i mbun paidreoireachta.

Bhí Deibí Uí Ghliasáin, bean théagartha, a bhí ag diúl ar mhála eornóg an tráthnóna ar fad, ina seasamh ag an mbáisín níocháin i gcúinne dorcha den seomra. De thimpiste, d'alp sí an milseán iomlán a bhí ina gob aici. Sheas sí ar a barraicíní agus chuir síneadh lena muineál, ag iarraidh breathnú thar ghualainn leathan Oscair.

'An bhfuil sé... an bhfuil sé imithe uainn?' ar sí de chogar. D'fhan Oscar mar a bhí sé, agus sméid sé uirthi. 'Go ndéana Dia trócaire ar a anam. Déarfaidh mé leis an gcuid eile é anois, mar sin.'

Bhrúigh Deibí an mála milseán isteach sa phóca beag ar a cairdeagan glas. D'éalaigh sí ón seomra agus dhún an doras go cúramach ina diaidh.

Bhí halla bídeach an teachín plódaithe le leathdhosaen comharsa chaidéiseach i mbun cabaireachta. Nuair a chonaic siad an bhean mheánaosta ag teacht amach as an seomra codlata, cuireadh ina dtost iad láithreach. D'amharc siad uirthi agus iad ag súil leis an scéala.

'Tá an tUasal Maxwell imithe ar shlí na fírinne,' a d'inis Deibí dóibh. D'éirigh an t-atmaisféar níos éadroime, mar a bheadh faoiseamh ar an bpobal ón ualach a bhí á iompar acu. Thosaigh an chabaireacht an athuair agus d'imigh Deibí an doras amach.

Bhí bean chaol chaite ag fanacht léi ar an bhfaiche lasmuigh, smideadh oráiste agus mascára umhadhaite ar a haghaidh agus ar a muineál. Bhí toitín i leathlámh léi, an lámh eile ag seoladh bugaí linbh anonn agus anall.

'Tá sé marbh, a Mheagan,' a d'inis Deibí dá deirfiúr mhór. 'Ní foláir dúinn é a insint don adhlacóir.'

'Ná bac,' a d'fhreagair Meagan ar nós cuma liom. Tharraing sí bosca toitíní ó bhoinéad an bhugaí agus thairg do Deibí iad. 'Tá sé ráite agam leis cheana féin.'

Ag an nóiméad sin, bhí dúil chráite ag Deibí i sneaic charbaihiodráite blasta, ach, ón uair nach raibh ceann ar fáil ar an toirt, dhéanfadh toitín an chúis. Bhain sí sásamh as boladh an toitín. Bhí a dóthain ama caite le déanaí aici sa teachín a bhí bréan le díghalrán uafar. 'Bhí sé sa chaoi a raibh sé le tamaillín anuas. Nach raibh tú ag dul sa seans á rá sin?'

'Mhothaíos gurb é an lá inniu an lá.'

'Bean feasa is ea tú,' a gháir Deibí.

Bhreathnaigh na deirfiúracha i dteannta a chéile ar an ngrian ag dul faoi san iarthar, a scáthchruthanna le feiscint go soiléir i gcoinne an tírdhreacha leathain.

'Jack!' a bhéic Meagan go tobann. 'Cuir ar ais an chloch sin san áit chuí! Baineann sé sin le hUncail Max.'

Mháirseáil sí anonn chuig a mac ceithre bliana d'aois. Chaith sé an chloch mhór ar cheapach dáilianna. Rug Meagan ar a lámh chlé agus chonaic sí go raibh greim docht aige ar ábhar buí éigin. Sciob sí uaidh é, ag iarraidh a dhéanamh amach cad a bhí ann. Bhí an buachaill dána tar éis duilleog a bhriseadh den lus gréine plaisteach. Ba mhaisiúchán é an bláth bréige a choinnigh uisce leis an bplásóg féir agus leis na bláthanna i gcúinní an ghairdín.

'Ar ais sa bhugaí leat, a dhailtín dhána, nó ní bhfaighidh tú aon mhilseán anocht.' Chuir sí gruig uirthi féin leis agus chaith an duilleog sa cheapach bláthanna in aice láimhe.

Níor fhan Jack fiú nóiméad amháin sa bhugaí roimh dul ag spaisteoireacht arís ar thóir siamsaíochta eile.

'Ná caith bun an toitín ar fhéar Oscair,' a chomhairligh Deibí dá deirfiúr. 'Beidh sé ar buile má thagann sé ar rian luaithrigh.'

'Measaim go mbeidh sé róghnóthach don gharraíodóireacht go ceann scaithimh.' Mhúch sí an bun ar leac na fuinneoige sular scuab sí chun siúil é ar an bhféar. 'Seo, téimis chun an cara sin s'agatsa, an dlíodóir, a fheiceáil. Meas tú an mbeadh fáil air chun bualadh isteach sa teachín ar ball?' Chrom sí thar an bugaí chun a chinntiú go raibh Jack ina shuí go compordach, ach chonaic sí nach raibh sé ann a thuilleadh.

'Jack,' a ghlaoigh sí i dtreo an bhord éan. 'Cad atá á ithe agat anois?'

'Síol, is cosúil. Ní dhéanfaidh sé aon dochar dó,' a d'fhreagair Deibí go ciúin. Chaith sí uaithi bun an toitín díreach mar a rinne a deirfiúr. 'Beidh an dlíodóir anseo i gceann tamaillín.' D'amharc an chaolbhean go fiosrach uirthi. 'D'inis mé an scéal dó cheana féin; is bean feasa mise chomh maith!'

'Nach tusa a bhí ag dul sa seans?'

Thosaigh an bheirt acu ag sclogarnach mar gheall ar a ngliceas.

***

Cuireadh searmanas na sochraide i gcrích gan aon rómhoill. Bhí Oscar buíoch den phobal a thug cúnamh dó i rith an ama seo.

Ag meán lae, dhá lá i ndiaidh bhás Maxwell, thug an pobal dóchasach céanna aghaidh ar an teachín ceann tuí chun a gcomhbhrón a chur in iúl d'Oscar.

Bhí an parlús lán go béal gan aon mhoill. Bhreathnaigh Oscar timpeall air. Bhí mearchuimhne aige ar na haghaidheanna ar fad a bhí roimhe ag féachaint air.

'Míle buíochas libh ar fad as ucht na tacaíochta a léirigh

sibh dom. Tá sé iontach deas an oiread sin díobh a fheiceáil ó Chnoc Meala,' ar sé. 'Tá sé deacair... fiú nuair atá an tuiscint ann ar a bhfuil ar tí titim amach. Tá sé deacair nuair a tharlaíonn sé fós féin.' Bhí go leor ráite aige ar an ábhar sin. Shín sé a lámh i dtreo an bhoird. 'Bígí ag ithe. Ar mhaith le héinne cupán tae?'

Líon gach éinne a bholg, gan náire. D'éalaigh Oscar chun na cistine chun breis tae a dhéanamh. Chuaigh Deibí tríd an seomra go dtí gur tháinig sí ar Mheagan agus a ciorcal caidrimh.

'Meas tú cá bhfuil an chreach,' a scaoil sí idir bolgam píóg fraochán gorm agus uachtar coipthe úr.

Lig a deirfiúr liú aisti. Chuir straitéis gharbh Deibí déistin ar Mheagan. B'eol di-se go raibh freagra ar an gceist sin in áit éigin eile. Thréig sí an ciorcal chun fiosrúchán a chur ar bun sa chistin. Is ann a tháinig sí ar Oscar in aice an tsorn gháis.

'An cuma leat má chaithim?' D'fhógair sí é seachas an cheist a chur, mar nuair a las Oscar an dóire, las sise an toitín ón tine.

'Deacair glacadh leis go bhfuil sé imithe ar fad,' arsa

Oscar, an citeal á leagan ar an bhfáinne aige nuair a bhog Meagan a cloigeann as an tslí.

'Sea, bhuel, is fearr an áit ina bhfuil sé anois,' ba ea iarracht Meagan. *Bhí an seanfhear marbh! Cuir uait é.* 'Níl sé ag fulaingt anois.' Tharraing sí ar a toitín.

Bhí díomá uirthi nár lean Oscar air. Bhí sí ag súil go rachadh sé ina muinín. Scaoil sí puth deataigh. 'Bhí a uacht saghas doiléir.'

Bhí Oscar ag póirseáil sa tairreacán do roinnt taespúnóg. 'Cad atá i gceist agat?'

'Níor luadh an... *eh*... an t-airgead.'

'Go bhfios dom, ní raibh aon airgead ann. Sin an fáth go bhfuilim thar a bheith buíoch as an síntiús uaitse agus ó do dheirfiúr don tsochraid. Ní fheadar cad a dhéanfainn gan sibh.' Rinne Oscar miongháire uaigneach.

Bhreathnaigh Meagan go cúramach air. Bhí cuma *cool* air. An raibh rud éigin á cheilt aige uirthi? Níor chreid sí nár fhág an seanfhear faic ina dhiaidh. *Cé mhéad daoine sa bhaile a raibh sé ar a gcumas garraíodóir a fhostú?* 'Sin an chuid is lú a d'fhéadfaimis a dhéanamh.'

Chroith sí a lámh agus thit carn luaithrigh sa tarraiceán anuas ar an sceanra. Dhún Oscar an leithscéal de luaithreadán agus chuaigh trasna na cistine. Lean Meagan gach coiscéim. 'Is sinne atá buíoch díotsa as ucht an jab iontach a rinne tú den fhaiche agus de na bláthanna os comhair an lárionad phobail.'

Ba dheacra fós d'Oscar tae a ullmhú do thríocha duine ag glagaireacht agus an bhean seo ag iarraidh a aigne a bhaint dá chúram. D'oscail sé an cófra agus sheas siar chun breathnú ar a raibh ann.

'Is dócha nach bhfuil go leor mugaí agam,' a thug sé faoi deara. Chruinnigh sé le chéile a raibh ann agus leag ar an mbord iad. 'Ní raibh an oiread sin cuairteoirí riamh ag an Uasal Maxwell.' Thóg sé an taephota, scall é agus líon le huisce fiuchta é ón gciteal.

Choinnigh Meagan uirthi. 'Nach raibh aon chiste curtha ar leataobh ag an Uasal Maxwell chun íoc as na costais leighis? Ní thugtar le fios dúinn go raibh aon chuntas bainc aige sa bhaile. Níl aon fhianaise go bhfuil aon rud sa chomhar creidmheasa, ná fiú in oifig an phoist aige.'

D'fhan Meagan ar fhreagra uaidh. Dhún Oscar a shúile ar ala na huaire agus tost ann. Ansin d'oscail arís iad agus lean air ag cur na nduilleog tae isteach sa phota. 'Is ar éigean a d'fhág an tUasal Maxwell an teachín le bliain anuas. Ní raibh sé ar a chumas cuntais a riar, gan trácht ar Chuntas Bainc Eilvéiseach.'

Leag sé an taephota ar thráidire plaisteach agus chroch púicín tae dearg air. Rinne sé tráidire eile den chlár aráin; chuir bainne, siúcra agus mil air, in éineacht le cúpla taespúnóg agus thug don scibirlín cainteach é chun é a bhreith isteach chun an tseomra eile.

Agus a thráidire á leagan ar an mbord aige in aice na fuinneoige sa pharlús, chuala sé díoscán taobh thiar de. Chas sé timpeall. Chuir an taispeántas a bhí ag tarlú os a chomhair amach alltacht air.

Bhí clár adhmaid ag Deibí ina lámh fad a bhí a fear céile, Dominic, ar a ghlúine ag mionscrúdú an spáis faoin urlár. Mhínigh Deibí: 'Scrúdú beag á dhéanamh againn anseo.'

'Níl dada anseo ach oiread,' arsa Dominic. Sheas sé, ghlan an deannach dá threabhsar agus chuir ar ais an clár adhmaid.

Thuig Deibí ó aghaidh Oscair nach raibh sé róthógtha leis an taispeántas. Chaith sí siar gloine póirt agus ar sí:

'Breathnóidh mise sa chófra te. B'fhéidir go bhfuil rud éigin curtha i bhfolach ansin.' Sciorr sí thar Oscar go dtí an halla. Bhí Oscar ina bhambairne. Dhírigh sé a shúile ar a raibh ag tarlú lasmuigh den fhuinneog. Le teann uafáis, thuig sé go raibh grúpa maistíní ag déanamh ionradh ar a ghairdín. Rith sé amach ar cosa in airde.

'Stop é sin! An bhfuil ciall ar bith agaibh?' Chroch sé na lámha san aer. Cé a bhí ag loit a ghairdín ach na daoine céanna a bhí ag síniú an leabhair chomhbhróin leathuair an chloig roimhe sin.

Ghoill sé go mór ar Oscar go raibh comóradh an Uasail Maxwell iompaithe ina sheilg ghránna seod, gan taise gan trócaire. 'Imigh as mo radharc!' Rith na foghlaithe uaidh. D'iompaigh sé chun an teachín. 'Glan as mo radharc. Sibh ar fad.' D'fhág na cuairteoirí faoi dheifir, Meagan, Deibí agus a fear céile san áireamh.

Thit Oscar ar a ghlúine in aice na mbláthanna a bhí scaipthe ar an bhféar; chuir a lámha lena aghaidh.

***

Nuair a tháinig Oscar chun an teachín an chéad lá, é ar bheagán eolais ar an gcanúint áitiúil agus tráth a bhí díon sclátaí air, leathacra de dhufair a bhí sa ghairdín fiáin: bhí an féar fada; bhí eidhneán ag plúchadh a raibh fágtha den úllord. Bhíodh orthu éadaí speisialta a chaitheamh, ní hamháin de bharr na mbeach, ach mar chosaint ar na driseacha a bhí ag fás ar an dá thaobh den smúitraon chun na coirceoige.

Le breis is deich mbliana a bhí Oscar fostaithe ag Bairtliméad Maxwell mar gharraíodóir. Bhí limistéar measartha aige timpeall ar an teachín ceann tuí. I dtús báire, bhíodh cónaí ar Oscar i mbothán beag ag bun an ghairdín. Deireadh sé mar ghreann gur thaitin an obair chomh mór sin leis gur bhreá leis dul a luí in aice uirlísí garraíodóireachta.

Bhí aisling ag an Uasal Maxwell. Faraor, ní raibh na scileanna ná an t-eolas aige chun an aisling sin a fhíorú. Ach le cúnamh ó Oscar, garraíodóir den chéad scoth, d'éirigh leis.

Le pleanáil chúramach agus obair chrua, tháinig cruth ceart ar an áit. Bhí an gairdín tosaigh i bhfad níos lú ná an cúlghairdín. Chuir Oscar pís chumhra in aice an fháil agus hiodrainsia i bpotaí in aice an dorais agus na bhfuinneog.

Chaith Bairtliméad Maxwell uaireanta fada faoi theas na gréine ina rósghairdín laistiar den teach. Shuíodh sé faoi scáth na gcrann úll ag éisteacht le ceol an loin nó ag breathnú ar an dreoilín ag snámh ar an scairdeán uisce.

Tamall eile siar sa ghairdín, bhí sraitheanna cuiríní dubha agus dearga, sútha craobh, lóganchaora, sméara dubha agus fraocháin ghorma. Rinne Oscar subh, síoróip, toirtín agus fíon astu sin.

Níos faide siar arís, bhí an garraí glasraí. Maidir le fréamhghlasraí, bhí meacain dhearga, oiniúin, tornapaí agus bachlóga Bruiséile. Bhí glasraí duilleacha ann, spionáiste agus cabáiste, ach bhí deacrachtaí aige prátaí a choinneáil. D'athraíodh Oscar a rogha glasra ó bhliain go bliain. Bhí teach gloine acu, áit a raibh na trátaí agus na sútha talún.

Chuir sé leacacha liatha ar an smúitraon. Stiúraigh an cosán seo síos chun na coirceoige é. Bhí Bairtliméad Maxwell an-cheanúil ar mhil. Bhí leigheas ann, dar leis. Taobh thiar de na seacht gcoirceog, bhí crainn shíorghlasa agus bun an ghairdín.

Nócha bliain d'aois a bhí an teachín. Nuair a tháinig ord agus eagar ar an ngairdín, thosaigh Oscar ar an díon.

I gcaitheamh na mblianta, chuaigh sláinte Maxwell in olcas. Ar feadh na seacht mbliana sular éag sé, ba é Oscar a fheighlí pearsanta. D'aistrigh sé go dtí áiléar an teachín.

***

Gar-neachtanna ba ea Meagan agus Deibí leis an Uasal Maxwell agus bhí siad meáite ar a mhaoin a aimsiú. Theastaigh uathu an oiread agus ab fhéidir leo a fháil as an eastát aige – gach rud ach an teachín lofa agus na fadhbanna a bhain leis. Sin é an fáth ar bhain siad leas as an dlíodóir chun brú a chur ar Oscar.

'Déanaim tagairt don talamh ar tógadh an teachín air. Níor bhain sé leis an Uasal Maxwell agus níl aon tuairisc ann a thaispeánann gur íoc sé cíos talún ná dleacht stampála. Tá sé de dhualgas ortsa na costais a tabhaíodh ina leith sin a íoc. Ar an dea-uair duitse, a Uasail Uí Eacháin, tá uasluach ar an méid sin de bharr an Bille a cuireadh ar aghaidh i rith na tréimhse a bhí tú i do chónaí anseo. Léiríonn an ráiteas seo an méid atá le híoc agat.'

Thug an dlíodóir óg an sceideal d'Oscar a bhí ag stánadh ar shrón fhada an fhir eile. 'Ó. Go raibh maith agat…'

'Agus ar aghaidh linn go dtí an chéad mhír eile. Sular aistrigh tú go teach cónaithe an Uasail Maxwell, bhí cónaí ort in áit éigin eile. Níl innealtóir ag teastáil chun a léiriú dúinn nach gcomhlíonann an foirgneamh eile, is é sin le rá an bothán, íoschaighdeán an Achta um Thionóntachtaí Cónaithe. Léiríonn na cáipéisí seo a leanas na sonraí agus an fhíneáil atá le híoc.' Lig an dlíodóir gáire beag nuair a shín sé beart mór eile páipéarachais chun Oscair, é lán de mhíniúcháin agus mionsonraí. Thug Oscar sracfhéachaint air agus chonaic sé gur líon alt amháin roinnt mhaith leathanach.

'An raibh na rialacha sin i bhfeidhm ag an am? Más cás i gcoinne…'

'Ná déanaimis dearmad ar an dleacht eastáit. Anois ní raibh aon árachas leighis ag an Uasal Maxwell agus dá bhrí sin beidh bille mór eile ag fanacht ort.' Bhrúigh sé meall doiciméad eile anonn go dtí an taobh eile den bhord.

'Ach mise a chuidigh leis le linn a bhreoiteachta.'

'Agus ar íoc tú cáin ioncaim ar an méid a ghnóthaigh tú mar fheighlí?'

Ba thubaisteach an dlíodóir a cheap Deibí Uí Ghliasáin dó, a mheas Oscar. Dá mba rud é go raibh aon airgead aige, ní thabharfadh sé don bhrúid seo é. Ní raibh an fear seo ina dhlíodóir fiú, tráth a bhí Oscar ina chónaí ina *áit chónaithe eile*.

'Shaothraigh mé m'áit cónaithe sa teach,' arsa Oscar. 'Ní bhfuair mé aon airgead as. Ní féidir liomsa cánacha ná billí a ghlanadh.'

'Maith go leor, mar sin. Molaim duit fáil réidh le maoin de shaghas eile chun íoc astu.'

'Maoin de shaghas eile?'

'Táimid sásta praghas seasta a thairiscint duit ar an trealamh i do theach atá cothrom le do chuid fiacha. Tógadh an teach ar dhrochraon tíre agus dá bhrí sin, ní bheadh suim againn sa talamh ná sa ghairdín. Chun cuidiú leat tá dréacht-chomhaontú déanta amach agam cheana féin. Is féidir leat breathnú air anois.'

Tharraing an dlíodóir gach cáipéis a bhí tugtha aige d'Oscar ar ais chuig a leath féin den bhord agus chuir ina áit an bhileog aonair seo a bhí le síniú aige. Thug Oscar faoi deara nach sa dlí amháin a bhí suim an dlíodóra seo, ba léir go raibh an-suim aige san infheistíocht. Rinne Oscar machnamh ar na roghanna a bhí roimhe.

'Ach is rudaí ársa atá sa troscán. B'fhéidir go bhfuil siad luachmhar.'

'A Uasail Uí Eacháin. Tá an dá thaobh i mbaol. Má tharlaíonn sé go bhfuil an trealamh gan luach, glanfar do chuid fiach fós. Má tharlaíonn sé go ndéanfaimidne brabús beag orthu, tá an bua agat fós. Beidh an teachín agus an gairdín agat pé scéal é.'

Chaith Oscar súil ar an leathanach arís. Bhí an chuma air go mbeadh sé i bhfad níos éasca glacadh leis ná gan glacadh leis.

'Bíodh a fhios agat, a Uasail Uí Eacháin, má dhiúltaíonn tú dó inniu agus má bhíonn deacrachtaí agat ar ball, ní bheimidne in ann tú a tharrtháil arís. Molaim duit do chuid cuntas a chur in ord láithreach, nó ar mhaith leat seal a thabhairt sa phríosún?'

Phioc Oscar suas an peann agus bhrúigh an barr.

***

Agus an fhoireann ar tí imeacht, shrac an bainisteoir cóip den admháil ón gclár agus thug d'Oscar é. Ghlac Oscar leis agus dhún an doras ina dhiaidh. Bhí ionadh air nár thug siad an doras leo. Bhí gach rud eile tógtha acu. Thug sé sracfhéachaint ar gach seomra. Laistigh de sheachtain tar éis dó an conradh a shíniú, bhí an áit glanta amach acu. Bhí Oscar buíoch díobh. Chiallaigh sé nach raibh air an áit a ghlanadh amach é féin.

Rinne sé draothadh gáire nuair a smaoinigh sé orthu agus iad ag iarraidh troscán an Uasail Maxwell a dhíol. Bhí an stuif sin ársa, lofa agus bréan. Ba é Oscar a dheisigh agus a rinne cuid mhaith de. Bhí sé cinnte nach bhfaighidís aon rud luachmhar ina measc.

Chuaigh Oscar ar shiúlóid amach chuig an bothán áit a raibh sé ag glanadh an ghléas deataigh sular tháinig na fir ar maidin. Chaith sé a shúil ar an seanfheisteas a d'úsáideadh an tUasal Maxwell agus é i mbun na mbeach. Bhain sé triail as. Bhí boladh aisteach uaidh. Lorg sé péire lámhainní. Tharraing sé na strapaí agus na bandaí thart ar chufaí an treabhsair agus an tseaicéid. Bhain sé an gléas stócála agus ardaitheoir fráma ón seilf. D'amharc sé ar an gciumhais bheibhealta air. D'ardaigh sé hata an bheachaire agus chuaigh amach chun na beachlainne. Ní fheadar an gcuirfeadh cúrsaí mar a thit siad amach, díomá ar an Uasal Maxwell.

Leag sé uaidh an gléas deataigh. Bhain sé leas as lastóir beag chun é a dheargadh. Stócáil sé beagáinín é go dtí gur tháinig lasair aníos go barr. D'fháisc sé an bolg cúpla babhta go dtí gur éirigh deatach tiubh as. Bhí sé in am dó a hata a chur air.

Ní raibh a fhios ag Oscar cé chomh dona is a bheadh an scéal. An mbeadh gá le máthair áil nua sa choilíneacht? Rinneadh faillí sna créatúir ón ngeimhreadh. Bheadh an choirceog bunoscionn anois. Conas a chuirfeadh sé gach rud in ord don gheimhreadh a bhí chugainn? Ba thrua nár éist sé níos géire le comhairle an Uasail Maxwell i dtaobh aire a thabhairt do na beacha.

Choinnigh Oscar an t-ardaitheoir fráma fad na láimhe uaidh agus thug sé faoi bharraí adhmaid na chéad choirceoige a dhingeadh ar oscailt. D'eitil roinnt beach ina choinne ach ní dhearna siad aon dochar dó. Chrom Oscar chun breis breosla a chur ar an lasair. Agus é ag síneadh amach a lámh chuige, fuair sé amharc ar dhath liath trí bharraí na coirceoige. Fungas, a shíl sé.

Chuir sé cúpla puth deataigh leis an gcoirceog an athuair. Dá mbeadh na coirceoga ag lobhadh, bheadh air teach nua a sholáthar do na beacha. Crá croí ceart a bheadh san obair sin. B'fhearr dó a fháil amach i dtús báire cé chomh dona is a bhí an scéal.

D'ardaigh Oscar barr taobh na gaoithe agus chuir puthanna faoin imeall. Ansin bhain sé an barr go hiomlán agus lig síos ar an talamh é. B'fhearr dó fáil amach freisin cén saghas trealaimh a bheadh uaidh chun lóistín nua a dhéanamh dóibh.

Bhí sé ag ceapadh go n-éalódh i bhfad níos mó beach. Ach bhí laghdú ar an gcoilíneacht i mbliana toisc nach raibh am aige aire cheart a thabhairt dóibh. Mhéadaigh an fungas an fhadhb, ar ndóigh. Theann sé an bolg. Is ar éigean a bhí sé in ann feiscint anois lena raibh de dheatach ag leathadh san aer.

D'ardaigh sé an clúdach inmheánach díreach mar a bhog sé an chéad cheann. Chrom sé chuige ionas go rachadh na beacha ar ais sa choirceog. D'fhill a bhformhór.

D'ardaigh Oscar a lámha roimhe san aer ionas go bhfeicfeadh sé cad a bhí os a chomhair. Chuir an radharc iontas air. Ní fungas a bhí ag ithe na coirceoige. Istigh ar bharr na círe, i bpacáistí néata plaisteacha, bhí burlaí airgid curtha i bhfolach ag an Uasal Maxwell.